COSMOVISIÓN ASTROLÓGICA

Revelaciones 2021-2030

GABRIEL MORENO PAZ

COSMOVISIÓN ASTROLÓGICA

Revelaciones 2021-2030

GABRIEL MORENO PAZ

Gabriel Moreno Paz
AMAZON
ISBN:

PRÓLOGO

Tengo el enorme honor de presentar esta obra, cuyo autor no solo es un colega si no un eminente analista internacional e investigador en vastos campos del conocimiento, como la astrofísica, antroposofía y cosmobiología, las cuales conjuga como metodología de análisis en este distinguido trabajo.

Es notable el criterio vanguardista con que a lo largo del texto se entrelazan lo físico lo psíquico y lo cuántico, en una correlación sincrónica con lo científico. Conociendo la vida del autor pienso que su principal motivación reside en divulgar numerosas enseñanzas vivenciadas en su último retiro espiritual en los templos de oriente, lugar donde presumo que este libro empieza a cobrar vida.

Recomiendo este libro para toda clase de lectores que tengan su mente abierta a interpretar la realidad como un proceso evolutivo y de aprendizaje del cual somos cocreadores, siendo este texto una guía para trascender la trampa de una dualidad que a diario se nos quiere presentar como una realidad omnímoda. La confrontación de dos modelos, el transindustrial con el digital son abordados desde un enfoque sociológico y esotérico, siendo estos los responsables de drásticos cambios de paradigmas en el escenario mundial. No solo la semiótica y la astrología científica son los ejes temáticos de esta obra, sino que también el análisis geopolítico actual y futuro, sin dejar de explorar en detalle el rol histórico que tuvieron las sociedades secretas en la configuración política y económica de toda la región.

Así es, que esta obra intenta ser el origen de un sistema que explica una dinámica de transformación mediante la cual los individuos y organizaciones desarrollen, redefinan y optimicen sus formas de insertarse en el mundo moderno, como una interpretación cuántica, holística e integradora del ser en relación a una nueva cultura, donde cada una de las variables del sistema es tan relevante como las demás y su interacción e interrelación tiene el propósito de inspirar a individuos más conscientes y creativos, generando competencias emocionales y no verticales, del hacer del pensar y de la comunicación.

Lic. Marta T. Gonzales

Introducción

En este libro intento describir de manera científica y esotérica una nueva configuración del mundo material, siendo esta la manifestación de una arquitectura celeste que determinara para este nuevo milenio que: "Lo único permanente será el cambio" y nos afectará de manera transversal a todos, tanto consciente o inconscientemente, siendo ésta una consecuencia directa de un energía estrictamente física y de un nuevo campo de conciencia planetario que promueve el diseño de una nueva realidad donde los seres humanos comprendan la grandeza que atesoran en su verdadera esencia interior, donde reside la chispa divina de la razón.

Es por eso que a lo largo de este libro ponemos en valor una serie de ejes temáticos que reflejan la dinámica de los cambios disruptivos que son protagonizados por los ciclos de Urano, Saturno, Júpiter y Plutón en esta nueva década. La Astrología Científica y la Semiótica en interacción con el análisis geopolítico, para este contexto global del coronavirus será el objeto de estudio principal.

A lo largo del texto describiremos esta profunda transformación de la conciencia tanto a nivel Individual, Sociocultural, Económica y Geopolítica, con una cosmovisión integral de la realidad, o sea desde un enfoque Científico, Psicológico, Filosófico y Esotérico.

Haciendo una revisión histórica podemos sintetizar que los primeros 72 años de la era Acuariana (1948-2020), fueron el génesis de una transformación Tecnológica, Científica y de la Conciencia a nivel global, que actualmente toma un rumbo hacia una configuración económica digitalizada de carácter multipolar. La aceleración de estos procesos hace que el mundo que viene sea muy complejo de interpretar, en consecuencia utilizaremos una metodología de trabajo analítico, donde separaremos lo principal de lo accesorio y lo trascendental de lo superfluo para poder explorar multidimensionalmente estos cambios. Para ello emplearemos dos disciplinas diametralmente opuestas, pero complementarias en su espectro de incidencia, una es la Astrología Científica y otra la Semiótica, dentro de este marco conceptual quedan intrínsecamente vinculadas a la comunicación y a la ecología de los medios, de manera que, estos dos métodos nos permiten tener objetividad y transversalidad en el análisis, ya que la mayoría de los fenómenos de estudio, tanto en un contexto histórico como contemporáneo, son respaldados con evidencia empírica. En consecuencia decimos que "Una tesis tan solo tiene valor cuando existe una antítesis que la contradiga" así es como, "La unión de una técnica concreta, (la tesis) como elemento científico, con un sistema filosófico bien apoyado (la antítesis), daría una síntesis psicológica como método valido para todo el mundo".

A principios de Diciembre de 2018 emprendí una investigación de carácter Cosmológico en el campo de la Astrológica Mundial para poder precisar cómo se configuraría el escenario geopolítico global para este viejo modelo que colapsa el 12 de enero de 2020 y el nuevo que comienza el 21 de Diciembre de 2020. Para poder dimensionar la magnitud de los cambios primero se debe entender que los nuevos paradigmas a los cuales tendremos que enfrentarnos, son parte de un proceso más largo de lo que creen muchos astrólogos, ya que no podemos esperar un desenlace para finales del año 2022, sino que esta etapa de transición dependerá en gran medida de la iniciativa que tengamos como sociedad para que todos estos cambios sean un puente hacia la creación de una sociedad más libre más justa y más Fraterna.

Existen intereses en pugna que van mucho más allá de nuestra compresión, la cadena de mando no solo llega hasta la Elites financieras y sus Corporaciones Globales cómplices,   por arriba de ellos se encuentran los "Egregores" que son las entidades de inteligencia avanzada carentes de Amor, que se alimentan a nivel energético de la cosecha del miedo, la frustración y la desesperanza de aquellos esclavos que aún son víctimas de su programación inconsciente. Pero en esta granja humana de la tercera dimensión están despertando muchos esclavos en muy poco tiempo, es por eso que la "Jefatura" está muy preocupada, y en un intento desesperado por conservar sus cultivos, diseñó todo este experimento de laboratorio llamado "Fraudemia", cuyo objetivo final en este plano terrenal es la deshumanización de toda la especie, y en el plano astral la sistematización de los pensamientos negativos (baja frecuencia vibratoria), para que estos sigan alimentando esta burbuja holocuántica de donde ellos se nutren, Por eso es imprescindible redireccionar nuestros pensamientos hacia una frecuencia vibratoria más alta, y para ello debemos transformar la idea de que esta crisis que estamos viviendo, en realidad es una oportunidad de empezar a vincularnos desde el Amor Incondicional, la creatividad y el coraje (La fuerza de Voluntad), es ahí donde podremos dar el salto cuántico como humanidad hacia un plano de consciencia más elevado. Llegado ese momento podremos modificar el Campo Unificado de consciencia, que es el Universo donde todo existe en "Posibilidad" o sea de forma simultánea, que es en definitiva lo que le da forma a nuestro mundo material.

Desde otro enfoque la industria del "Entretenimiento" tiene un rol fundamental en este contexto Geopolítico no convencional, la ingeniería social trabajó denostadamente durante muchos años para que nuestros hijos hoy estén sentados durante horas frente a la pantalla de sus consolas y dispositivos, solo con el propósito de promover una sociedad totalmente mecanizada, autómata y programable. Es por eso que para poder tener una comprensión más holística de esta realidad distópica, intento abordarla desde un estudio interdisciplinario, con el objetivo de entender en toda su magnitud la multiplicidad de factores Psicosociales, Culturales y Económicos en sinergia con los factores reales de poder. Pretendo despertar el interés del lector en general, provocando algún disparador en aquellos que tengan una visión crítica y constructiva de este trabajo, despertando la atención de los estudiosos e investigadores de todas las disciplinas y doctrinas filosóficas occidentales y orientales, que tengan una cosmovisión cuántica de las ciencias, el arte y el conocimiento esotérico.

Según la escuela Hermética, la Alquimia y la Astrología son las dos llaves maestras para acceder al conocimiento superior- (la sabiduría), en este sentido comenzaremos a diagramar el marco conceptual para describir la naturaleza y concepción de todos los fenómenos de estudio.

La Astronomía representa a la parte física (tesis) la astrología representa la parte energética (la antítesis) la astrosofía es la ciencia que estudia el ser desde el ángulo de la conciencia, es la sabiduría de los astros, es una vertiente de la cosmobiología en la cual se hace la interpretación astrológica desde la perspectiva mental espiritual y evolutiva viniendo a representar el plano mental (la síntesis).

La Cosmobiología estudia el sentido más profundo, sagrado y esotérico de la Astrología, en otras palabras es una ciencia multidisciplinaria que viene a auxiliar todas las ramas de las ciencias. Ambas representaron en las antiguas civilizaciones el primer escalón evolutivo del ser en muchos colegios iniciáticos.

La astrología científica es una herramienta que utiliza la Cosmobiologia para analizar cuantitativamente el conjunto de aspectos en todas sus manifestaciones tanto en el circuito energético que configura en cada signo como en la influencia que tiene sobre cada arquetipo, tratando de establecer estadísticamente patrones de tendencias en el tiempo y elespacio para cada suceso. Cabe destacar que estas tendencias no implican para la Astrología un determinismo cósmico ya que del otro lado de la ecuación se encuentra el libre arbitrio que juega un papel muy relevante para este equilibrio cósmico.

Nada es casualidad sino causalidad, sobre todo el hecho que todas las construcciones de pirámides, de todos los dólmenes, todas las catedrales góticas y todas las ciudades sagradas de todo el planeta, marquen los solsticios y equinoccios. No creo que haya mejor prueba empírica que esta, de la existencia de profundas relaciones entre lo creado aquí abajo y lo que existe allá arriba, y de que la Astrología en todas sus manifestaciones no es solo ciencia, también es Arte.

Para darle un marco conceptual a todo lo expuesto, podemos configurar una síntesis narrativa de las características sistémicas más significativas del marco teórico funcional del universo, desde la óptica macro cósmica y micro cósmica. Los planetas y las estrellas son seres vivientes en estados de conciencia y existencia más elevados que el resto de la materia, estos emiten en sus tránsitos una vibración específica, cada uno con una frecuencia determinada, el ser humano es receptor de estas vibraciones cósmicas y el decodificador biológico de estas es la glándula pineal, que paralelamente se encarga de la segregación de neurotransmisores y el mantenimiento del equilibrio corporal (homeostasis). La pineal posee propiedades piezoeléctricas vinculadas a la captación de frecuencias vibratorias y a la emisión de energía electromagnética, simultáneamente decodifica y fusiona las energías planetarias en interacción con el arquetipo mental del individuo. Este complejo sistema es el origen de los patrones que configuran el pensamiento y la sucesión de estos, que a su vez, generan un campo electromagnético, con su propia vibración, si esta se encuentra en una frecuencia muy densa todo el sistema endocrino junto con sus glándulas generan a nivel subatómico celular un patrón disonante. Antagónicamente cuando un individuo tiene pensamientos con patrones emocionales positivos como la creatividad, intuición, gratitud, curiosidad, esperanza etc., éste campo magnético genera una frecuencia vibratoria que produce convergencia o consonancia límbica, siendo ésta un ordenador natural de la energía biopsicoemocional. Gran parte de este proceso se retroalimenta cuando las glándulas maestras, la Pineal y la Pituitaria retransmiten estas vibraciones nuevamente hacia la fuente cósmica, pasando éstas a ser parte del inconsciente colectivo, y también pasan a formar parte de lo que llamamos campo de conciencia planetario.

Sin detenernos a hablar de la regencia o correspondencia planetaria que cada una de las glándulas endocrinas tiene, no podemos olvidar la armonía criptica que subyace bajo la Naturaleza y el Universo en que el ser humano se encuentra, siendo éste un armonioso reflejo de una arquitectura celeste que tiene como última razón plasmar toda la belleza del cosmos en todos los seres y en todos los planos.

"Creerlo todo o negarlo todo, son dos fórmulas muy simples que nos ahorran la necesidad de pensar", dijo el gran pensador H. Ponscaré. Precisamente debemos estudiar analizar, extraer comparar y entonces "pensar", esta es la característica que hace al hombre diferente del animal".

Conceptualmente no estamos gobernados por la estrellas, más bien somos la estrella misma, estamos compuesto de una proporción del planeta.

Para poder comprender este aforismo, es preciso determinar algunos parámetros de la existencia de un orden cósmico o determinismo celeste, que establece una serie de leyes universales para clasificar la influencia biofísica que estas energías tienen sobre nosotros. En un intento de complementar la teoría de la sincronicidad, a continuación describiremos algunos patrones que existen entre los ritmos celestes, y el funcionamiento biológico humano en consonancia con estas precisiones Astronómicas que difícilmente puedan calificarse de pseudocientíficas.

1- Las 72 pulsaciones del hombre corresponden a los 72 años que el Sol requiere para retrogradar un grado a través del cielo.

2- Es decir que el corazón 4 veces cuando respiramos una vez.

3- Y el número de respiraciones es de 18 por minuto.

4- Ésta guarda relación con las cuatro estaciones.

5- Y los 18 años de nutación del eje terrestre bajo la influencia de la luna.

6- Las 25920 respiraciones cada 24 horas, hacen pensar en el número de años del famoso gran ciclo de Platón, 25920 años, al final del cual las constelaciones habrán completado la vuelta zodiacal por precesión equinoccial.

7- Es así como en 25920 años divididos entre los 12 signos, resultan las grandes eras precesionales de 2160 años por signo, que el Sol va a recorrer. (De la Ferriére, 1986.pag.185)

8- Existe una corriente negacionista en un sector de la comunidad científica que insiste en calificar de casual que los 29,5 dias del ciclo completo de lunación no tenga relación directa con el número de días que toma el periodo menstrual femenino. Acaso es casual que la Luna ejerza una atracción gravitacional geomagnética en las mareas, también lo hace en el cuerpo humano, nuestra constitución es 70% agua, y sus cuatro fases configuran un patrón de influencia ligado estrechamente con los 4 tipos de temperamento que Hipócrates describió en en siglo V A.C como colérico, melancólico, sanguíneo y flemático. Estos a su vez los relacionaba con los 4 elementos, fuego, tierra, aire y agua. En síntesis, todas nuestras funciones biológicas a nivel subatómico son el reflejo de una mecánica cuántica celeste diseñada con un solo propósito, la existencia de la vida.

Hipócrates el padre de la medicina moderna, famoso médico de la antigua grecia sostenia 460 A.C que "Tonto es el médico que desprecia el conocimiento adquirido por los antiguos ", y decía que, "Hay una circulación común, una respiración común. Todas las cosas están relacionadas". Esta Carta fue diseñada por el Ingeniero alemán Frederic Brosig, quien fue mi primer profesor de cosmodiagnosis a mis 11 años. En este plano Astrobiológico queda plasmado de manera gráfica cómo el hombre se ubica en el centro de la escena zodiacal, siguiendo un patrón estelar de interrelación que va desde los primeros grados del signo de Aries en correspondencia con la cabeza y los últimos grados del signo de piscis en analogía con los pies. Entre 1977 y 1979 en diversas conferencias el profesor describía de manera magistral cómo contrarrestar las influencias a nivel subatómico y celular que los planetas ejercen sobre el plano biopsicoemocial.

Figura I: Ilustración de una Carta Cosmobiologica

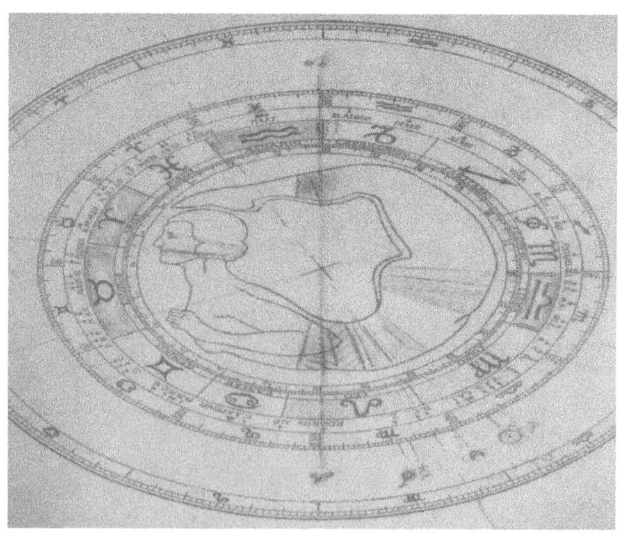

Capítulo I

La Incidencia de la Astrología en Antiguas Culturas

"Cada parte de la materia puede ser concebida como un jardín lleno de plantas y como un estanque lleno de peces. Pero cada rama de la planta, cada miembro del animal, cada gota de sus humores es también como ese jardín o ese estanque"

(Hipócrates)

El Imperativo Cósmico nos ha dejado un enorme legado de evidencia empírica acerca de la influencia que la Astrología tuvo en las culturas Egipcia, Sumeria y Griega, que no sólo sirvieron como pilares a diversas corrientes filosóficas emergentes sino que prevalecieron y evolucionaron durante miles de años teniendo una gran relevancia en muchos descubrimientos científicos en nuestra era moderna. Las tres Pirámides de Giza están alineadas guamétricamente a la constelación de Orión, probablemente estos conocimientos astrológicos y arquitectónicos los hayan heredado de culturas prediluvianas y que luego hayan sido retomadas por la Escuela Hermética, probablemente la mayoría de las enseñanzas esotéricas impartidas a las antiguas civilizaciones son originadas, en esencia por esta escuela esotérica, sirviendo de sustento filosófico y cosmogónico a diversas religiones como corrientes del pensamiento, ejerciendo una gran influencia a lo largo del tiempo tanto en la concepción del mundo antiguo como moderno. La figura Arquetípica de Hermes Trimegisto centra al hombre como símbolo emblemático del mundo (relación macrocosmos-microcosmos), en analogía con el zodíaco o eclíptica y el ser humano, circunscribiendo a la astrología como una cosmovisión filosófica, psicológica, espiritual e incluso artística para poder percibir, comprender e interpretar la realidad y todo el mundo circundante. Estas enseñanzas fueron transmitidas a lo largo de los siglos hasta convertirse en las bases filosóficas y teológicas de las civilización Sumeria, Egipcia y Griega. En el seno de estas culturas la astrología ha sido enriquecida y embellecida por diversidad de personalidades que van desde filósofos, pensadores.

Alquimistas, matemáticos y médicos, como por ejemplo, Hipócrates, el padre de la medicina moderna quien sostenía que "no se puede llamar médico a sí mismo, quien no tenga conocimientos de astrología", o a quien se le atribuye los Oráculos Caldeos, hablamos de Zoroastro se debe al "segundo Platón" es decir al bizantino Gemistos Pletho, quien difundió así mismo los Versos Áureos de Pitágoras y los Himnos Órficos. Desde Platón, el erudito Ptolomeo, astrólogo y empirista quien dejó como legado el Tetrabiblos , el Medico, alquimista precursor de la biología la antropología y bioquímica Paracelso, Jean Baptiste Morin de Villefranche, astrólogo físico y matemático cuyo aporte fue su monumental obra "Astrología Gálica" , el famoso Michel de Nostradamus, Johannes Kepler quien con una de sus obras cumbre "Mysterium Cosmographicum" fuera uno de los inspiradores de Isacc Newton hasta principios del siglo XX donde la astrología se democratiza; así tenemos grandes exponentes de esta ciencia como Michel Gauquelin, un erudito en astrología científica experimental quien nos ha dejado numerosos estudios estadísticos, el eminente Carl Gustav Jung quien nos legó la teoría de la sincronicidad, André Barbault, autor de la teoría del índice de concentración planetaria, la exitosa Catherine Aubrier, Charles Carter, Alan Leo, Rob Breszny y Liz Greene seminarista y escritora de prolíficos libros quien nos ofrece una visión más holística acerca del simbolismo de las energías planetarias.

Todos estos grandes exponentes de la astrología han logrado cada uno con sus aportes una gigantesca evolución a la astrología como ciencia y arte, a lo largo de la historia y de manera transversal han incursionado tanto en el campo científico como esotérico, poniendo tal vez sin intención a la astrología como centro gravitatorio del análisis multidisciplinario de diversos fenómenos.

Aunque nuestra actual tecnología ha evolucionado en algunos aspectos, todavía no puede emular la existente hace 10 mil años A.C, donde se levantaban piedras de granito de 15 toneladas a más de 100 metros de altura y se facetaban con una precisión milimétrica que hoy difícilmente se pueda realizar con instrumentos de corte laser. Tal vez sea muy probable que las pirámides egipcias estuvieran diseñadas arquitectónicamente y construidas por descendientes de los primeros colonizadores de este planeta, cuyo origen tal vez estaba mas relacionado con el lugar donde orientaban sus pirámides que con un espacio circunstancial elegido azarosamente en este planeta. Ya sea que éstas fueran utilizadas como un portal estelar o dimensional en el plano astrofísico o un amplificador estelar para elevar los estados de conciencia, la pregunta que deberían hacerse los detractores de estas teorías es: ¿Quien con semejante conocimiento en geometría sagrada, podría erigir colosales monumentos sólo con el propósito de sepultar a un Faraón?

Los últimos descubrimientos arqueológicos en 1994 confirman que las tres pirámides de Giza guardan un orden Guamétrico (Geometría sagrada), la cual está presente en la distancia y en la disposición en que se encuentran las tres pirámides (Keops, Kefrén y Micerinos).

La cara este de Keops dista de la cara oeste de Kefrén la misma distancia que existe entre la cara norte de Kefrén y la cara sur de Micerinos. Pero el dato más significativo lo constituye el hecho de que la línea que une el centro de Keops con el centro de Micerinos, corta a las caras norte y sur de las tres pirámides con un ángulo de 51 grados 51 minutos, es decir el mismo de la Gran Pirámide, circunstancia que abre una nueva línea de investigación de espectaculares resultados.

Para ver qué tanto influye la Cosmogonía Egipcia en la actualidad tomemos algunos descubrimientos que ellos hicieron con los cuales convivimos a diario. La idea de dividir el día de 24 horas en 1 hora diurna y 12 horas nocturnas es un invento Egipcio. Los 36 decanos egipcios los aplicaban por una parte a la división del año 365 días y por otra, a la división del dia en 36 ciclos de 40 minutos. Hoy día se sabe la gran importancia que tienen los ciclos de 40 minutos en relación con la activación de la sustancia reticular del bulbo durante las fases del sueño REM a lo largo de la noche y también durante el día.

"Tal vez existe un patrón en la bóveda celeste para quien desea verlo, y una vez visto,   para encontrarse a si mismo". (Platón)

Entrelazamiento Cuántico

La física cuántica   demuestra con rigurosidad que existe una conexión que no depende del espacio ni del tiempo entre el observador y lo observado, también existe un entrelazamiento cuántico entre el hombre y el universo (Microcosmos, Macrocosmos). Estamos constituidos, a nivel subatómico, por la misma materia que los cuerpos celestes y uno de los fenómenos que caracterizan a las partículas subatómicas es el de la "No Localidad"o sea dos fragmentos de la misma materia son afectadas intrínsecamente por una misma fuerza cósmica, así estén distanciadas remotamente en Espacio o Tiempo.

La física cuántica viene demostrando contundentemente desde los tiempos de Isembeck, hasta la actualidad, que cuando tiene lugar un evento o fenómeno por el simple hecho de ser observado, este se ve modificado por la simple acción de la observación, en consecuencia nuestra conciencia también puede modificar lo que sucede aquí y ahora hasta en lugar más retomo del campo de conciencia universal. La carta astral es una herramienta que permite mensurar las interacciones y correlaciones que existen entre el ser humano y el universo estableciendo ciertos parámetros en esa interacción,   como también una serie de Arquetipos Psicológicos que constituyen un orden celeste, pero al igual que la mecánica cuántica, no condicionan totalmente los fenómenos, sino que dejan un margen de maniobra (Libre Arbitrio) o sea que, ha medida que el ser adquiere un estado más elevado de consciencia mayor capacidad tiene de modificar su destino, esto lo explica un famoso aforismo que dice "Los Astros inclinan pero no determinan"

Este entrelazamiento cuántico establece también una sincronicidad en la dinámica de funcionamiento a nivel celular como a nivel molecular en los seres vivos, es por eso que los átomos de hidrógeno y oxígeno, por ejemplo, se ven afectados según las posiciones de los cuerpos celestes con respecto a la tierra (aspectos). Existe un medio de comunicación instantáneo que no depende del tiempo ni del espacio, entre la aparente separación del hombre y el universo. Las intensas correlaciones observadas en esos experimentos hacen que muchos científicos piensen que la no localidad es un hecho en nuestro universo, esto quiere decir que lo que ocurre aquí y ahora puede depender de algo muy lejano en el espacio, en el tiempo, o en ambos. Al mismo tiempo la teoría cuántica, confirma que todo lo que sucede en el aquí y en el ahora afecta también el otro lado de la ecuación.

Ya lo plantea en la "prueba científica de la astrología" el Dr. Percy Seymour, que comprueba que el desarrollo del cerebro humano puede ser afectado por el campo magnético de la tierra , especialmente durante el crecimiento del feto en la matriz, y coincido con su teoría dado que estadísticamente los bebés que nacen a los 7 meses sobreviven en un gran porcentaje pero los que nacen a los 8 en el período de transición de Saturno, no sobreviven a pesar de tener una mayor maduración pulmonar, Seymour sugiere que la magnetósfera terrestre es afectada por los campos de Sol y la Luna. Otros planetas como Júpiter Marte y Venus, en su opinión, también toma parte influyendo en los relojes internos de los seres vivos.

En la misma línea de pensamiento, Bruce Scofiel, sugiere un modelo astro-biológico de desarrollo humano basado fundamentalmente en el concepto de importa del etólogo Konrad Lorenz, Scofield cree que los factores ambientales sobre todo los ciclos circadianos y circanuales, generan una impronta (un patrón de conducta innato) que se fija a lo largo de diferentes periodos de tiempo. Las cambiantes propiedades del campo electromagnético serán coincidentes con cierta periodicidad biológico de cada ser, siendo un clásico ejemplo los 29.5 días del tiempo que le toma a la Luna en completar sus 4 fases en relación con el periodo menstrual femenino.

En un campo de investigación en el cual todavía no hemos incursionado y tiene relación directa con los Arquetipos Psicológicos que Jung describe, se encuentra muy bien descripto y documentado por el Dr. Whilhem Reich, Medico, Científico, Psiquiatra Psicoanalista e Inventor , quien abordo divergentes áreas de investigación, como por ejemplo el de la Biofísica, la Sociología y el estudio pormenorizado de las fuentes naturales de la energía biosíquica. Algunos de los sus estudios fueron publicados en el International Journal of Sex-economy and Orgone Research, 1942-1945, y a la vez fueron incluidos en algunos de sus libros vanguardistas como ser, The Discovery of the Orgon (El descubrimiento del del Orgón), titulado The Cáncer Biopathy (La Biopatía del Cáncer). Todos estos textos fueron tal vez muy adelantados para su época, dado que estos fueron producto de investigaciones experimentales que nunca antes se habían realizado en estos campos, tal es así, que en el prefacio a la segunda edición de "La función del Orgasmo" el describe que sus investigaciones: "han demostrado incontestablemente que el conocimiento de las funciones emocionales de la energía biológica es indispensable para la compresión de sus funciones fisiológicas y físicas". Concluyendo que "Las emociones biológicas que gobiernan los procesos psíquicos son en sí mismas la expresión inmediata de una energía estrictamente física; el orgón cósmico" (Reich, 1955, pag.1). Si nos detenemos un instante al análisis de este último párrafo el Dr. Reich, análogamente a lo que promueve la teoría del entrelazamiento cuántico y la Cosmobiologia, está situando en un relación de interacción a las emociones biológicas y los procesos psíquicos pero tal vez, de manera inconsciente, él pone en duda de que estos procesos psíquicos sean completamente responsables de las emociones, parece una contradicción en si misma, pero es porque que ambas actúan simultáneamente y en sinergia con una fuente de energía cósmica, que la podemos reconocer como un campo de conciencia, que tiene una estrecha relación con lo que el Dr. Reich describe como el "Orgón Cósmico".

Luego de publicar investigaciones muy vanguardistas para su época, como por ejemplo "La economía sexual" y otras en el campo de la Psicobiología, el Dr. Reich fue encarcelado y declarado insano por las "autoridades", secuestrando todos sus archivos a de sus últimos años de investigación en la Tecnología de la Energía Orgónica. Tal vez la consideraron "peligrosa", para ciertos intereses, parecería que podría convertirse en un aporte demasiado relevante y significativo para la humanidad.

La cuestión es que estos archivos secuestrados deben actualmente tener algún uso militar. Algo similar ocurrió con los descubrimientos de la propagación inalámbrica de la energía eléctrica que descubrió Nikola Tesla, que para esos momentos habría puesto en jaque a toda la industria del cobre.

A mi entender, una de las investigaciones más destacadas del Dr. Reich fue, la teoría de la economía sexual, (Reich W. 1955) afirma: La cura de los trastornos psíquicos requiere en primer término el restablecimiento de la capacidad natural de amar. Ello depende tanto de las condiciones sociales como de las condiciones psíquicas.

Las perturbaciones psíquicas son el resultado del caos sexual originado por la naturaleza de nuestra sociedad. Durante miles de años ese caos ha tenido como función el sometimiento de las personas a las condiciones (sociales) existentes, en otras palabras, internalizar la mecanización externa de la vida. Sirve el propósito de obtener el anclaje psíquico de una civilización mecanicista y autoritaria, haciendo perder a los individuos la confianza en sí mismos.

El individuo educado en una atmósfera de negación de la vida y del sexo, contrae angustia de placer (miedo a la excitación placentera), que se manifiesta fisiológicamente en espasmos musculares crónicos. Esa angustia de placer es el terreno sobre el cual el individuo recrea las ideologías negadoras de la vida que son la base de las dictaduras. La catástrofe internacional que atravesamos es la última consecuencia de esa enajenación respecto de la vida. (Reich, 1955 pag.10)

Parte del legado filosófico que el Dr. Reich ha dejado a la humanidad se ve plasmado en este último aforismo.

"El amor, el trabajo y el conocimiento son los manantiales de nuestra vida y también deberían gobernarla"
(Reich W. , 1942)

Capítulo II

Alcances del Valor Predictivo de la Astrología Científica

La Astrología Científica entre muchas otras variables de análisis, también estudia estadísticamente registros de diversas configuraciones planetarias en fenómenos que acrediten coordenadas, fechas y registros horarios certificados.

La siguiente carta levantada para el 16 de agosto de 1906 no es una más del corriente, dado que bajo la incidencia de este fenómeno telúrico han muerto más de 3000 personas en el término de 4 minutos, y no se trató solo de una simple convergencia de alineaciones planetarias, porque existen algunas cuestiones inherentes al ocultamiento durante más de 50 años de este fenómeno. El mismo fue anticipado con suma precisión en cuanto a lugar y fecha, 10 días antes del suceso. Pero lo más curioso es la metodología predictiva con que el mismo se descubrió, cruzando antiguos modelos marítimos climatológicos con posiciones de ciertos planetas y su proyección sobre la eclíptica. Muchos lectores podrán por primera vez apreciar en contraste un método analítico más que interesante.

Comenzando desde el plano macro, el planeta dominante, Plutón en cúspide en casa 4 el fondo de cielo, habla mucho acerca de lo disruptivo del aspecto para este lugar y momento, la energía plutoniana y su influencia en el plano terrestre es netamente deconstructora dado que tiene una marcada incidencia en el los movimientos sísmicos, sobre todo lo que subyace en las profundidades (simbólicamente lo oculto), las corrientes magmáticas subterráneas no escapan a esta incidencia, pero desde un enfoque netamente evolutivo el fondo de cielo tiene una carga karmática para la ciudad de Valparaíso sobre todo cuando Plutón entra en la cúspide de la casa 4 en sextil con el sol, donde tiene una compulsiva necesidad de ser recordado por haber hecho una gran transformación. La stellium (aglomeración planetaria) en la casa 4 asociadas a la conjunción Luna-Neptuno es un aspecto con un trasfondo muy espiritual, vuelvo a destacar la cuestión karmática dado que las elecciones no son casuales, sobre todo las de elegir como lugar de residencia permanente una ciudad catalogada como zona sistémica de riesgo; en todo este contexto Júpiter amplifica el "ángulo karmico"que éste presenta en su oposición a Urano en el signo de Capricornio que está actuando desde el otro hemisferio, como un detonador de una bomba (en sentido simbólico), por su energía impulsiva liberadora y disruptiva. Esta última interpretación surge de observar la geometría que posee esta carta donde queda plasmado el arte y la belleza que representan la fusión de las energías cósmicas y su interacción que sirven también como elemento inspirador al análisis del astrólogo. Por eso no podemos dejar aislado del análisis la posición de Saturno en la casa 12, la de los enemigos ocultos, desde donde este nos amenaza con constantes pruebas, dado que Saturno simboliza El Maestro, y junto con Júpiter son los Cronocratores, (Amos del tiempo), en un lenguaje más científico los sincronizadores del tiempo, nos dan una noción de la realidad. En este caso el tránsito de Saturno en Piscis, el mismo signo del ascendente, podemos considerarlo como planeta promisor, con una marcada tendencia a generar situaciones desgraciadas y complejas que sometan a grandes pruebas.

La cuadratura del Ascendente con Plúton más allá de la concepción ideológica de algunos astrólogos que definen a éstas como un aspecto inarmónico, se trata en primera instancia de un aspecto formativo que puede tener características tanto constructivas, evolutivas o destructivas, como aplicaría para este caso.

La naturaleza dual de la tensión no sólo es la cuadratura, es que su influencia se encuentra sobre el ascendente (la puerta de condensación de los fluídos).

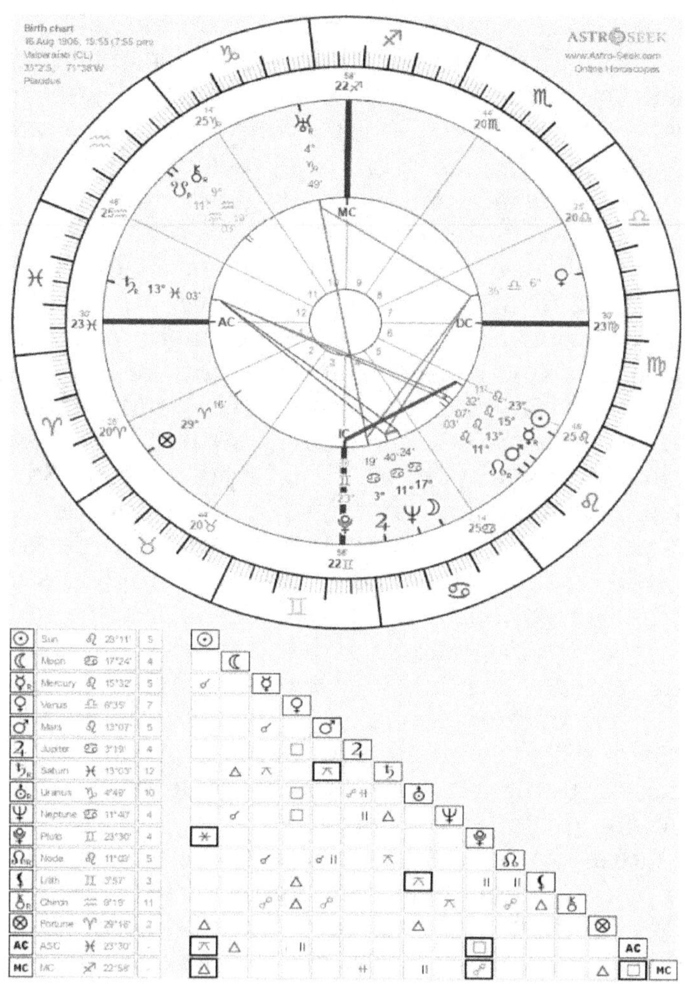

Después de un largo estudio de investigación acerca de la posición de los planetas en eventos telúricos de gran magnitud que han sido registrados durante el siglo pasado, concluimos que el de mayor relevancia por su duración y magnitud fue el de Valparaíso en 1906. Para esta fecha coincidieron una configuración planetaria determinada en paralelo con   la Luna y el Sol en los mismos grados de declinación.

Esto es la transcripción de un informe documentado de un fenómeno telúrico que devastó la ciudad chilena de Valparaíso el 16 de Agosto de 1906.

El mismo fue notificado con 10 días de anticipación a las autoridades de la Armada Chilena por un Capitán de su propia flota; el fenómeno fue pronosticado mediante el trazado de cartas marítimas y estudios astrocartográficos que el Capitán Middleton creó como documento para elevar a las autoridades. El siguiente informe fue minimizado y ocultado por más de 60 años posteriores al hecho, con el objetivo de no dejar evidencia empírica del grado de precisión geográfica, astrológica y matemática con el que fue pronosticado este fenómeno que a continuación exponemos.

El 16 de agosto de 1969 se cumplieron sesenta y tres años de la fecha en que la ciudad de Valparaíso fue destruida por un terremoto. Este fenómeno sísmico se pronosticó con bastante aproximación, por el Jefe de la Oficina Meteorológica de la Armada, Capitán de Corbeta señor Arturo Middleton, fundándose en las teorías de Cooper. En la primera mitad del siglo los capitanes de la Marina de Guerra señores Waldo Nuño y Ricardo de la Carrera, basándose también en las mismas teorías, entregaron Almanaques con detallados pronósticos del tiempo dentro de nuestro país.

Pero el acierto de mayor importancia de las Teorías de Cooper relacionado con Chile, corresponde al terremoto del 16 de agosto de 1906. Con diez días de anticipación, el Capitán Middleton escribió a "El Mercurio" la siguiente nota de su puño y letra ·: (ver manuscrito). República de Chile, Armada Nacional, Pronóstico sobre fenómenos atmosféricos:

La Sección de Meteorología de la Dirección del Territorio Marítimo, ha pronosticado fenómenos atmosféricos y sísmicos para el día 16 del presente mes, basada en las siguientes observaciones: El día fijado habrá conjunción de Neptuno con la Luna y máximum de declinación Norte de ésta. A causa de estas situaciones de los astros, la circunferencia del círculo peligroso pasa por Valparaíso y el punto crítico formado con la del Sol cae sobre las inmediaciones del puerto. (Firmado) A. MIDDLETON.Valparaíso, Agosto 6 de 1906. (Hurtado H.1969p.2)

Teoría de Cooper y predicciones de Middleton

Durante los días posteriores al terremoto, los chilenos vivieron en constante estrés por innumerables pronósticos de réplicas que venían de distintas fuentes. Hasta que el Observatorio Astronómico fue forzado por el gobierno a publicar un mensaje nuevamente en El Mercurio, señalando que "el tiempo de los temblores ha pasado". En un principio, el director del Observatorio, de apellido Obrecht, se negó a comentar sobre el pronóstico de la Armada ya que su sismógrafo estaba roto. A esta altura en Chile existía solo un sismógrafo, que estaba en dicho observatorio. La Armada no tenía ninguno, pero el Cap. Middelton no lo necesitaba para su método de predicción.

Al ser entrevistado sobre cómo hizo su predicción, el Capitán Middelton señaló que había usado los métodos publicados por el Capitán Alfred J. Cooper, un capitán mercante americano, que en 1902 había escrito un artículo llamado "Las causas de tiempo y los terremotos con cuatro diagramas" (texto que el mismo publicó). Este documento toma las teorías que unos 100 años antes presentó el naturalista alemán Rudolf Falb sobre la influencia de las estrellas y astros en los terremotos. Cooper, tal como Falb, postula que hay ciertos días críticos en que debido la posición de los planetas existe mayor probabilidad de un fenómeno sísmico. Gracias a la predicción del Capitán Middelton en Chile la "Teoría de Cooper" tomó nueva fuerza y hasta se publicó un libro llamado "Solectrics" (que el mismo Cooper se autopublicó) . Sin embargo este no ha llamado hasta el momento la atención de estudiosos y no tuvo ninguna influencia en la sismología moderna. (Memoria chilena, 2018) Desde un enfoque diametralmente opuesto al que tiene la geología moderna propone: no podemos dejar mencionar la influencia electromagnética que tienen el Sol y la Luna en los fenómenos climatológicos y Movimientos Telúricos.   Los resultados del informe de Middleton provenían de las innumerables observaciones en 40 años de práctica del Capitán Cooper, donde todos los fenómenos atmosféricos que sucedían en el mar, en su mayoría, eran pronosticados con precisión geográfica y posteriormente documentados en su libro, "Solectrics".

Cooper intentaba instalar un sistema de análisis donde las posiciones de él Sol y la Luna fueran el factor principal de incidencia y el resto de los planetas complementando la configuración de fenómenos climatológicos y telúricos de distinta naturaleza, sobre todo cuando el Sol y la luna se encuentran en el mismo número de grados de declinación. En los siguientes gráficos el Capitán define la dirección del circuito electromagnético que genera la corriente solar y la incidencia que esta tiene en el movimiento de rotación de la tierra. Su teoría sostiene que los terremotos no son causados solamente por la subducción de las placas de la tierra y la ruptura de los estratos internos, sino que son producto de una dualidad que es acompañada por distintos tipos de fenómenos como tormentas eléctricas, las lluvias, tormentas de viento y ejes de fuego con exhibiciones meteóricas y afirma que muchos terremotos vienen acompañados de fenómenos tales como el aumento del nivel del océano 50 pies.

En la siguiente figura se exhibe la configuración de lo que fue el primer aviso del terremoto de Valparaíso, recordemos que en 1906 no había ningún dispositivo electrónico inventado por el hombre que pudiera calcular ni confeccionar con precisión el trazado de una carta náutica, era todo hecho a mano.

Las efemérides eran la única herramienta de estudio y observación que Cooper había documentado sobre la posición de las estrellas.

En la misma dirección que apuntan los estudios de Cooper, en la actualidad se dan a conocer estudios de la NASA que concluyen que la propia magnetósfera de la Tierra, no el viento solar, acelera las partículas de los cinturones de radiación.

Cuatro décadas después de que James Van Allen descubriera los cinturones de radiación, los científicos han descubierto que el entorno espacial de la Tierra es un acelerador de partículas masivo, que impulsa los electrones casi a la velocidad de la luz en cuestión de minutos. Mediante el uso de las mediciones coordinadas de decenas de naves espaciales junto con sofisticados modelos informáticos, los científicos pronto podrán hacer "mapas meteorológicos" de esta aceleración, lo que permitirá predecir la intensidad de los cinturones de radiación y la ubicación de las regiones más activas. Desde hace medio siglo los físicos espaciales teorizaron que el Sol y su viento solar proporcionaban la mayoría de las partículas de alta energía que se encuentran en los cinturones de radiación de la Tierra. Pero nuevas observaciones del programa Internacional de Física Solar-Terrestre (ISTP) y otras misiones sugieren que la propia capa magnética de la Tierra en el espacio, o magnetosfera, es un acelerador de partículas más eficaz y eficiente.

La aceleración de las partículas dentro de los cinturones de radiación puede afectar tanto a material orgánico como inorgánico y esto lo sostiene también el eminente biofísico y parapsicólogo ruso Dubrov, quien ha descubierto que las células de los seres vivos, durante su división, emiten ondas gravitacionales. Según sus estudios y hallazgos Dubrov, observó un nexo entre el bombardeo de rayos cósmicos desde la radiante actividad solar, la cual tuvo una correlación directa con ataques cardíacos, lesiones industriales, accidentes en carreteras y episodios agudos de esquizofrenia. Dubrov concluyó que aún las así llamadas materias inorgánicas eran afectadas por los rayos cósmicos. Las personas y otros entes vivos eran afectados incluso hasta el grado de sufrir cambios en la estructura del ADN. Dubrov concluyó que las fuerzas geomagnéticas son importantes como un factor evolutivo.

"Mi intención es demostrar que la máquina celestial no es como un ser divino, sino como un reloj". (Johanes Kepler)

Capítulo III
Pandemias y Ciclos Planetarios

Hacia mediados del año 1980 una gran conjunción de Marte, Júpiter y Saturno formando todos ellos un aspecto adverso con Neptuno coincidió con la extensión del SIDA, una enfermedad cuyo avance quizás no ha sido tan rápido y atemorizador como el coronavirus pero que sin embargo no se ha hallado aún su solución definitiva y tan solo se ha conseguido convertirla en una enfermedad crónica.

Con un índice de gravedad mucho mayor fue la famosa pandemia de comienzos del siglo XX conocida como la gripe española, surgida en 1918 y que dejo más de 20 millones de muertos según cifras oficiales que son siempre muy poco creíbles hacia su final en 1921.

También aquí nos encontramos de nuevo a Neptuno formando una gran conjunción con Saturno. Con un aspecto similar la pandemia de viruela, que en 1520 mató al 90% de los indios nativos americanos Neptuno se hallaba en su signo de Piscis y por lo tanto en su máximo exponente.

Pero la indiscutible reina de las pandemias a lo largo de prácticamente toda la historia fue la conocida como "peste negra" que se originó en extremo oriente en 1347 y desde allí llegó hasta Constantinopla y posteriormente a Europa, alcanzando su mayor virulencia entre 1348 y 49. En total mató a más de 200 millones de persona, alrededor de la mitad de la población europea o tal vez más. Pues bien hacia 1346-47 se formó una gran conjunción de los gigantes Júpiter y Saturno precisamente en el signo de Piscis, y más tarde estos planetas se juntarían con Plutón en una situación prácticamente similar a la que tenemos actualmente aunque por desgracia en 1347 no existían los avances médicos de los que disfrutamos ahora. Pero todos estos ciclos planetarios no representan solamente un dato estadístico para simplemente establecer un record, dado que la astrología tiene un aspecto evolutivo como reflejo de una dualidad, que le permite analizar el lado b de la ecuación, donde siempre se manifiesta una constante, todas las crisis brindan oportunidades y para este caso particular esta situación social adversa tuvo como disparador un salto de conciencia en la población de esa época a tal punto que las consecuencias espirituales de esta crisis de la peste negra tuvo un impacto indiscutible e inmediato en la explosión de misticismo y religiosidad por toda Europa y la construcción de las bellísimas catedrales góticas como si fuera un florecimiento de una nueva expresión arquitectónica.

¿Cuál es la conexión de las pandemias con Saturno en Acuario? . Este año el planeta Saturno entrará también en Acuario el 22 de marzo coincidiendo con el año nuevo zodiacal dos días después del equinoccio. Estará directo hasta el 11 de mayo que se moverá retrógrado, también en ese signo. Ahí seguirá hasta el 1 de julio cuando entre retrógrado en distintas literaturas de Astrología refieren que cuando los planetas Júpiter, Saturno, Urano, Neptuno y Plutón se agrupan en uno o dos signos -conjunción- o se colocan en oposición -uno al frente del otro- es casi segura la aparición de epidemias y pandemias.

La irrupción y propagación del coronavirus fue precipitada por la triple alineación entre Júpiter, Saturno y Plutón, un aspecto muy fuerte que se experimentó el pasado 12 de enero, pero que meses antes ya creaba tensiones y que seguirá causando cambios importantes.

Sobre esa conjunción, en ese texto se destacó que esta conjunción traería limpiezas profundas, destrucción y transformaciones radicales en todo el mundo, así como también un importante desbalance energético.

A esta danza astrológica se sumaban Júpiter y Marte. Marte transitó en el signo de Capricornio desde mediados de febrero y durante el mes de marzo. Marte es un planeta de movimiento, fuerza, que también "acelera" el curso de las enfermedades cuando tiene malos aspectos.

Conjunción Saturno-Plutón en la historia

En el signo de Capricornio, la conjunción Plutón-Saturno no ocurría desde el año 1518. Así que es la primera vez en más de 500 años que la humanidad la experimentó.

Pero Saturno y Plutón sí han tenido conjunciones durante el siglo XX en otros signos. Y estos acercamientos han marcado hechos que suponen un antes y después en el mundo.

En el siglo XX, la primera conjunción Saturno-Plutón ocurrió en 1914 en el signo de Cáncer (opuesto en la rueda zodiacal a Capricornio) y marcó el inicio de la Primera Guerra Mundial y, tres años después, el comienzo de la revolución rusa.

Posteriormente, volvió a formarse en 1947 en el signo de Leo, cuando se produjo el final del segundo conflicto mundial, la creación del Estado de Israel y el comienzo de la Guerra Fría, que terminaría en 1991.

VIH-Sida

En 1982, la conjunción Saturno-Plutón se dio en el signo de Libra y coincidía con la Guerra de las Malvinas y la irrupción del VIH-SIDA, virus que sorprendió al mundo por su impacto y mató a más personas que muchas guerras, hasta que se llegó a conocer una forma eficaz de contenerlo y tratarlo.

Gripe española

La pandemia mató a 40 millones de personas en todo el mundo entre los años 1918 y 1919.

Justamente en esos años, volvieron a estar conjuntos algunos de los planetas que marcan epidemias y que describimos antes: Júpiter y Plutón en agosto de 1918 y Júpiter y Neptuno en septiembre de 1919.

Gripe porcina

La epidemia que surgió en México y se propagó a otros países del mundo lo hizo también bajo un conjunción que involucraba a Júpiter, pero esta vez junto a Neptuno, y Quirón.

Quirón es el "sanador herido", aquel que no puede curarse a sí mismo a menos que primero sane a los demás; Neptuno rige todo aquello de origen misterioso, etéreo, desconocido, mutante, sin forma, como las alergias, vacunas, el sistema inmunológico, vicios. Mientras que Júpiter es el astro que bajo su influjo todo lo agranda y lo expande. Para bien, o para mal.

SARS y Gripe Aviar (2002-2003)

Estas epidemias locales que causaron gran preocupación en Asia no llegaron a ser mundiales porque los planetas involucrados (en este caso Júpiter-Urano y Júpiter-Neptuno) estuvieron en un ángulo de tensión (oposición), pero no conjuntos.

"Aquellos que no aprenden nada de los hechos desagradables en la vida fuerzan a la conciencia cósmica a que los reproduzca tantas veces como sea necesario para aprender lo que enseña el drama de lo sucedido. Lo que niegas te somete; lo que aceptas te transforma". (Jung, C.G, s.f)

"el poder tiende a corromper y el poder absoluto corrompe absolutamente". (Lord Acton, Essays on freedom and power, p.335)

La Triple Conjunción del Milenio
12 de Enero de 2020

Esta triple conjunción que tendremos a lo largo de todo el año 2020, tiene lugar cada 500 años, la último vez que sucedió fue para el "redescubrimiento" de América, Plutón el gran deconstructor de Sistemas (regente de Escorpio) en el grado 23 de Capricornio actuara como un gran generador de eventos Telúricos, crisis, muertes y renacimientos, así lo comunicamos el dia 5 de Enero de 2020 en nuestro canal de Youtube bajo un editorial donde con 7 días de anticipación hicimos un análisis sobre un estudio astrocartográfico preexistente, en esa oportunidad alertamos sobre un inminente movimiento sísmico, luego confirmado por la sucesión de terremotos que sufrió la Isla de Puerto Rico, lugar donde estaban trazadas en el mapa las líneas y circunferencia de incidencia planetaria sobre el Ecuador celeste.

Plutón gobierna las fuerzas subterráneas de la naturaleza, su dominio es lo profundo en el Ser, por eso el el Plano Espiritual representa La Transmutación, la Yoga y la Meditación que son disciplinas que amplifican los estados de Conciencia. La triple alineación tuvo lugar cuando Saturno, Júpiter y Plutón se alinean llegando al grado 23 de Capricornio, la interpretación de esta conjunción junto con el Sol y Mercurio en el mismo signo es de una gran Consonancia Cósmica, no se puede analizar aisladamente cada aspecto, son como las notas musicales que componen una sinfonía, y esta tiene una dinámica muy particular; se puede empezar estudiando desde un enfoque filosófico amplio, para luego abordar los Arquetipos Psicológicos que representan cada signo en sincronía con las posiciones planetarias, para finalmente poder configurar una interpretación holística de la carta.

En lo personal me inclino a analizar en primera instancia la naturaleza de cada planeta en relación a su influencia en el plano físico, luego bajo un enfoque psicológico terminando en un plano espiritual que a veces en tiene más incidencia en el ámbito social y en el inconciente colectivo, por ejemplo a Plutón que rige la mayoría de los fenómenos telúricos en el plano terrenal, actua en el plano astral de manera subterránea, con profundidad;   es un gran deconstructor desde los cimientos de un sistema que ya está obsoleto y es parte de un andamiaje medieval. Para realizar dicha acción echa mano a cualquier recurso, por ejemplo el Coronavirus comienza a tomar dimensión geopolícaa partir de la triple conjunción y la activación del circulo de fuego del Pacífico; fue en simultáneo con el eclipse del 12 de Enero 2020, y en paralelo con la alineación.

Al mismo tiempo Saturno va por detrás de Plutón haciéndose paso entre los escombros y reconstruyendo otro sistema desde un lugar más humanista, estableciendo nuevas normas, reglas y asignando recursos para que este cambio sea más duradero y el nuevo sistema sea sostenible. Finalmente Júpiter viene a potenciar este aspecto por su naturaleza expansionista para ello establece bases filosóficas a nivel cósmico, para que esta transmutación tenga impacto a nivel Individual, Social Cultural, Económico e Institucional, y éstas convivan en armonía con un despertar de la conciencia que representa la energía acuariana.

Estas transformaciones son parte de un plan cósmico a largo plazo, recordemos que la duración de esta era tiene 2160 años, y estamos recién en los primeros 72, en consecuencia los cambios no están pensados en función de un periodo presidencial o los planes estratégicos de un gobierno en relación a una región u otra, estos cambio están subordinados al funcionamiento de un engranaje celeste, que impulsa a las nuevas generaciones hacia un nuevo patrón energético, siendo éstas las protagonistas de las transformaciones. Razón por la cual una vez llegado finales de esta década veamos los efectos de esta triple alineación materializados.

Debemos tener en cuenta que producto del bombardeo tecnológico contemporáneo promovido por el Cabal la mafia azhara y las elites financieras asociadas hoy mas que nunca al estado profundo Vaticano, estamos en riesgo de perder nuestras libertades individuales, porque estos manipuladores de masas pretenden que dejemos de crear y seguir nuestros propios deseos, destino e inclinaciones. Este es uno de los grandes paradigmas que debemos abordar, de lo contrario estos torturadores de la humanidad nos dejaran sin religión, sin poesía y sin patria.

Otro paradigma cultural instalado es el consumismo, que subyace en la sociedad toda como un valor intrínseco, otorgando subjetivamente una cuota de poder al individuo que más y mejor acumule bienes materiales. Todo cambio cultural implica un cambio de conducta, y como estos toman mucho tiempo, Urano será el encargado de que estos procesos ocurran abruptamente. Al imprimir esta nueva dinámica, vendrán tiempos de inconformismo, angustia y mucho sufrimiento para una sociedad que nunca quiso salir de su propio círculo de comodidad.

Para mediados del 2020 tendremos algunos planetas retrógrados, siempre teniendo en cuenta una perspectiva geocéntrica, como se observan los planetas estando en la tierra, en ese momento los poderes facticos se enfrentaran en una lucha por el poder y por el control, porque es así como funcionan estas estructuras, pero para cuando Júpiter y Saturno vuelvan a ponerse directos quedaran dispersados los fragmentos de aquellas facciones que pierden parte de ese control.

A lo largo de la historia cada vez que eso sucedió, los poderes financieros tuvieron la habilidad de reconvertirse llegado el momento más oportuno, pero es muy probable que el Imperativo cósmico tenga planes bastante divergentes con respecto a los intereses preestablecidos, dado que la transformación será tan profunda a nivel cultural como transversal a nivel social que no habrá lugar para restablecer un modelo basado solo en el Consumo y la Competencia sino que irá en dirección hacia un mundo más cooperativista, donde el valor agregado residirá en compartir la información y el conocimiento. Paralelamente el Coronavirus seguirá profundizando las debilidades del sistema dado que su mayor impacto será a partir de Julio de 2020, dejando economías devastadas y a la sociedad con más preguntas que certezas. El interrogante colectivo para nuestro futuro más cercano será: hasta qué punto podremos seguir priorizando siempre intereses globales inmediatos por encima de una visión estratégica a largo plazo, que conciba una economía global sostenible para la mayoría de los habitantes de este planeta.

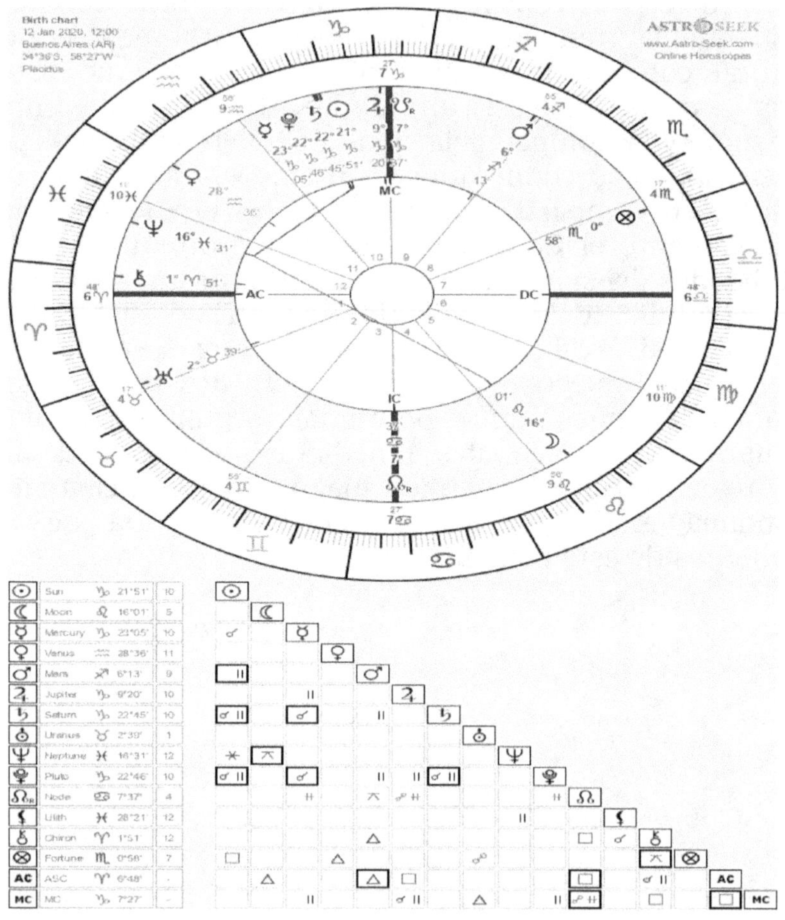

Grafico 7: Carta astral configurada para el 12 de Enero de 2020 donde quedan expuestos los aspectos complementarios de esta triple conjunción, siendo Urano

en el signo de Tauro y Neptuno en su domicilio de regencia el signo de Piscis

Capítulo IV
El Año la Gran Mutación

Los últimos 250 años Júpiter y Saturno los Cronocratores (señores del tiempo) se encontraron en conjunción en signos de tierra; sabemos que cada 20 años éstos se unen en un signo y esto delimita como toda conjunción la fusión de estas energías, Júpiter tiene un principio de Expansión, representa la sabiduría, los grandes viajes y el conocimiento, Saturno es el Planeta de las limitaciones, las normas y restricciones representando todo aquello que cristaliza la realidad; ambos tienen una influencia no sólo en el plano físico, sino también a nivel psicológico. Además cada 20 años se unen en un signo del mismo elemento siguiendo un orden establecido en el zodiaco Fuego Tierra, Aire y Agua. En los últimos años se reunieron en signos de tierra y esto trajo a cambios a nivel territorial de recursos divisas y en esferas políticas.

A partir del 14 de Diciembre de 2020 Júpiter y Saturno fusionarán sus energías en el signo de Acuario, esto simboliza cambios en la dinámica comunicacional en términos de intercambios de conceptos e ideas, y representa el aprendizaje y adaptación a nuevos paradigmas en relaciones humanas y colectivas (nuevas bases filosóficas y normativas), donde el comienzo del proceso exhorta a todos los habitantes del planeta a experimentar el mismo desafío; es un claro ejemplo, como el sistema (Saturno), utiliza un virus pandémico como excusa para sembrar una mentira programada en toda la población mundial, colocando a todos en una misma situación sin discriminar condición social alguna.

En consonancia con esta conjunción actúan complementariamente Urano y Plutón, este último seguirá un largo tiempo más en Capricornio siendo "El gran (de) constructor" de un sistema que ya quedó obsoleto para esta nueva dinámica energética. Plutón está haciendo colapsar las viejas estructuras, para ello utiliza cualquier recurso a su alcance, si es necesario llevando al extremo su función transformadora que en el plano físico son los terremotos, cataclismos, erupciones volcánicas, etc.

En el plano espiritual Plutón simboliza la transmutación por medio de la Yoga y la Meditación, que son ambas las disciplinas que las antiguas culturas tenían como premisa para promover un salto cuántico en la consciencia hacia las nuevas generaciones, cuestión que volverá a repetirse en esta nueva década.

Al mismo tiempo Urano, el regente de este ciclo Acuariano, regirá 2160 años aproximadamente y se encuentra en el signo de Tauro, éste un planeta revolucionario y disruptivo, simboliza los cambios abruptos de carácter colectivo, el pensamiento vanguardista, los movimientos anarquistas, teniendo un vínculo directo con la Libertad, Igualdad y Fraternidad. También gobierna el desarrollo tecnológico sobre todo en lo referente a la conectividad, las redes sociales, la telefonía celular, los ordenadores cuánticos.

Todas estas variables configuran un nuevo paradigma al cual nos enfrentaremos en esta nueva década y se lo puede definir como *"La digitalización del valor"*, donde lo primero que desaparecerá es el dinero físico, luego se redefinirá la logística en general ya que el avance de las Impresoras 3D permitirán imprimir hasta los alimentos y al cambiar la logística se modificará la dinámica de los servicios, los call centers serán remplazados por asistentes virtuales, los nuevos materiales ligeros y mega-resistentes como el grafeno se producirán a escala industrial y remplazarán la industria petroquímica, el blockchance y las criptomonedas modificarán las relaciones de intercambio entre privados, las entidades bancarias se reconvertirán en bancas digitales, el transporte se impulsará por energías alternativas y la industria de la robótica junto con la Inteligencia Artificial dejará en los primeros años a más de 400 millones de personas sin empleo en el planeta. Todo esto obligará a replantear y rediseñar un sistema educativo decadente sobre todo en los países emergentes. En síntesis el mundo no volverá a ser tal cual lo conocemos.

El crecimiento demográfico no es un tema menor es por eso que la industria tanto de los alimentos como manufactura de bienes en general tendrá que asumir el desafío que implica una explosión demográfica que se multiplicara en progresión geométrica, y deberá conciliarse con una cultura ya instalada de un *consumo sustentable*, en consecuencia la matriz industrial y productiva deberá adaptarse a una *demanda de alimentos orgánicos* no solo porque que la información acerca de los alimentos saludables estará más democratizada, sino porque las empresas que estos últimos años se comprometieron más con el medio ambiente y la producción sostenible, han crecido de manera exponencial.

En estos precisos momentos estamos llegando a alcanzar la "MASA CRITICA" es decir cuando un número suficiente de individuos adquiere un nuevo conocimiento o forma de ver las cosas, esta se transmite por toda la humanidad, y es contra esta ley natural de evolución que el viejo STATUS QUO de elites financieras parasitarias se enfrenta, intentando hasta el último momento mantener sus estructuras mediáticas de desinformación del sistema así como una industria del entretenimiento digital con el objetivo de someter a las nuevas generaciones a una ciberdependencia, que lleva a los individuos a permanecer cada vez más tiempo conectado a la "Matrix"; para ello necesitan continuar con un sistema educativo que promueva la creación de individuos cada vez más mecanizados y egoístas sin capacidad de percibir la verdadera esencia humana.

Pero como a lo largo de estos próximos 200 años Júpiter y Saturno se van a encontrar en conjunción en signos de Aire se vienen muchísimos reformas socioculturales, y la comunicación divulgación de la información donde tanto Saturno traerá procesos restrictivos que nos obligaran a la reflexión en aislamiento, como estamos experimentando actualmente con la cuarenta obligatoria producida por el Covid-19, impulsando a generar vínculos más genuinos con nosotros mismos para poder desarrollar un sentimiento comunitario real de que lo circundante que nos insta a adquirir una conexión no tan virtual de la realidad.

Los Tránsitos Planetarios 2021 – 2025

A partir de la conjunción de Saturno y Júpiter en el Signo de Acuario, donde el primer latido del corazón de 72 años de inicio a la nueva era, que finalmente emprende ciclo de 72 años donde entran en vigor en su máximo esplendor las energías acuarianas que junto al trígono que hacen Plutón con Urano nos traerá Creatividad, optimismo, excentricidad e innovación tecnológica. Este trígono va a disparar un proceso donde que concluirá en el año 2026 que va a tener como eje la DEMOCRATIZACION TOTAL DE LA INFORMACION que tendrá como protagonistas a más gente trabajando e interactuando desde grupos en distintas redes sociales, haciendo intercambios sin depender de los sistemas de pagos preestablecidos.

Este aspecto también impulsa nuevos descubrimientos en el campo la medicina biológica y regenerativa, la filosofía y el arte. El aspecto mas inarmónico lo tendrá Saturno con Urano que a su vez esta actuando en consonancia con Plutón y mi interpretación personal es que esto puede provocar un enfrentamiento decisivo entre distintas facciones del ESTADO PROFUNDO constituido por la Elites del poder financiero mundial, enfrentamiento que estaba en medio de un proceso en 2020 y éste tendrá un desenlace para mediados de 2022, implicando un alto costo político en países protagonistas que más adelante mencionaremos.

El retorno de Plutón sobre los EE.UU llegado este punto del libro es necesario disipar algunos preconceptos acerca de la Astrología Científica, ya que en este contexto la estamos utilizando como una herramienta para poder establecer un índice de concentración planetaria del cual hablaremos más adelante, pero no simplemente para hacer predicciones, lo que intentamos hacer es construir una interpretación dinámica de los acontecimientos en un determinado momento y lugar teniendo en cuenta una convergencia de variables. Cuando uno anticipa un acontecimiento y este tiene un alto grado de probabilidad de suceder, existen posibilidades de algún modo de que este se altere, por el solo hecho de dar a conocer o anticipar algunos fenómenos, es una de las premisas que la física cuántica contempla. Esta aclaración la hago para que lo que a continuación presentemos no se interprete taxativamente sino que sea funcional para decodificar la metodología del análisis.

Para principios de 2022 seguirá vigente la cuadratura de Saturno con Urano el cual seguirá haciendo lo suyo en el signo de Tauro, pero uno de los hechos más trascendentales tendrá lugar en el orden geoestratégico para una de las superpotencias a nivel global, estoy hablando de los EE.UU. Los norteamericanos se enfrentarán con un dilema existencial en su Revolución Solar, Plutón de tránsito pasará por encima de su Plutón natal desde mediados de Marzo hasta casi el día de la Independencia. Ambos estarán en casa 4, este aspecto es tan profundo como desestabilizante con respecto a los pilares en donde se ha sostenido esta Nación, será un lapso de tiempo cuyo proceso va a promover el final de un ciclo.

Como interpretación psicológica podemos decir que instituciones se replantearán el fundamento de su existencia, la cual se ve amenazada por un gradual colapso como potencia Económica y Militar; esta pérdida temporal de la hegemonía podría dar lugar a una crisis política interna entre los demócratas y republicanos, las corporaciones y el estado profundo, o sea las elites financieras parasitarias. Como Plutón estará todavía en Capricornio quedará enfrentado (oposición) al Sol natal de los EE.UU que representa a los liíderes de este país, en este caso sería el Presidente.

En este contexto y sobre todo en este tránsito Plutón tiene la capacidad de implosionar todo el sistema político e institucional, teniendo tal efecto que podría producir una segregación y fragmentación del norte y el sur del país o tal vez el este y oeste del mismo. Si miramos todo como un proceso, este tiene el origen por la crisis sanitaria del coronavirus, donde ésta comienza a socavar las bases del sistema, porque es donde queda expuesto que la mayor parte del presupuesto de los EE.UU siempre fue desviada para financiar el complejo militar y armamentista de esta nación con el objetivo de mantener un dominio global. Esta concepción del poder implícitamente descarta cualquier hipótesis de conflicto interno o crisis de sanitarias autogeneradas. Esto constituye algunas de las grandes contradicciones por la cual los grandes imperios entraron en decadencia.

Para dar algunas precisiones técnicas a los más calificados en Astrologia mundial voy a reforzar mi teoría con los aspectos más conflictivos de la carta:

Aspectos

Sol cuadratura Saturno Natal en casa 10; Marte en cuadratura Venus Natal en casa 7; Marte en cuadratura Júpiter Natal en casa 7; Neptuno en cuadratura Marte Natal en casa 7; Neptuno en oposición Neptuno Natal en casa 7; Plutón en oposición Mercurio Natal en casa 5; Sol en cuadratura Saturno Natal en casa 1; Luna oposición Júpiter Natal en casa 9.

Interpreto que la cuadratura del Sol con Saturno proyectada sobre la casa 10 para este momento es la de mayor peso específico con características restrictivas de orden negativo, ya que no solo limitará la toma de decisiones estratégicas con respecto a la política exterior del país, sino que estas podrían tener el efecto contrario al deseado debido a una profunda desesperación y frustración por no encontrar un rumbo certero. Este aspecto inarmónico analizados en consonancia con los de la luna en oposición a Júpiter, tuvo históricamente como protagonistas a gobernantes dictatoriales que le causaban mucho daño a su pueblo, ya que la limitación que provoca Saturno hace tener una mirada egoísta y estrecha del mundo circundante, que hace percibir lo que representa una oportunidad como un obstáculo, que en este caso las victimas serian los ciudadanos.

Júpiter en conjunción con Venus en el signo de Cáncer con la luna ubicada en su opuesto complementario Capricornio, podría tener un efecto potenciador o expansivo de una crisis de valores en el liderazgo. Y la guinda del postre la guardamos para Marte cuadrado a Venus, Júpiter y Neptuno todos en casa 7, Marte y Júpiter en casa 7, que es un aspecto en el plano individual con sobrados antecedentes empíricos, entre algunos individuos famosos como asesinos, genocidas, mafiosos, dictadores y narcotraficantes de primer nivel. Desde el punto de vista de la Astrología Mundial puede implicar acciones medidas o políticas sumamente violentas y agresivas que vulneren derechos individuales que pueden provocar una inestabilidad institucional fronteras adentro, y en el marco de la política exterior tiendan a ejercer sanciones de carácter militar con países en inferioridad de condiciones.

Para construir una hipótesis más objetiva es preciso darle relevancia al plano Institucional, pero sin dejar de lado una dimensión poco explorada por la astrología clásica, la de los fenómenos naturales que marcan algunos tránsitos planetarios. En este sentido le vamos a dar forma y un significado en el plano terrenal a Plutón, que también representa las fuerzas ocultas de la naturaleza, sobre todo las subterráneas, y aunque la probabilidad es muy remota podría tener lugar un fenómeno telúrico en la costa oeste de los EE.UU cercano al eclipse parcial de Sol del 30 de abril de 2022, Sin descartar la posibilidad de un incremento significativo del nivel del mar producto del calentamiento global, que inexorablemente será un fenómeno que nos afectará a todos en distintas escalas.

Para dar un cierre al análisis vamos a darle un papel protagónico al aspecto más contradictorio que tenemos en esta carta, me refiero al de Neptuno en oposición al Neptuno natal en casa 12, esta es la casa donde la nación se retrotrae, donde encuentra su redención, tiende a volver hacia lo ancestral, intenta buscar ayuda en los valores fundacionales que tuvo en su origen, sobre todo en el signo de Virgo que está estrechamente ligado con la organización en el plano institucional. Esta energía es sumamente disolutiva en el plano astral, y es proyectada antagónicamente por la casa 7 del Neptuno de tránsito para esta fecha. Llegado este punto las relaciones bilaterales se volverán muy inciertas siendo estas poco sustentables en el corto plazo. En el ámbito terrenal podrían existir conflictos bélicos en el orden naval con otros países provocados por las tenciones de la cuadratura con Marte.

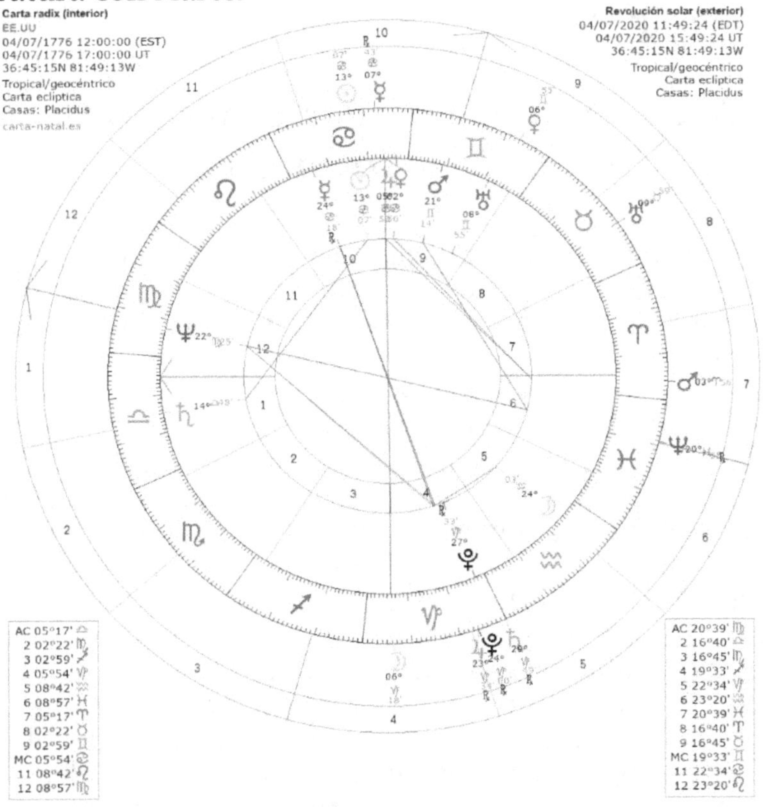

Uno de los fenómenos más simbólicos en esta carta es el hecho que Plutón en su posición natal experimenta su retorno después de casi 250 años de la independencia o nacimiento del país. Es por eso que desde Marzo de 2022 hasta Julio de 2026 será una constante que este país experimente las contradicciones que implican el inicio de su propia decadencia.

Capítulo V

2023 – Año de la Transformación Espiritual de la Humanidad

Esta definición se debe a la llegada a la escena mundial de un salto cuántico de conciencia en la humanidad, donde la energía acuariana estará en su máximo esplendor, impulsando una expansión de Conciencia Colectivo que invita a profundizar en lo más esencial del individuo, donde Urano junto al sextil de Plutón con Neptuno abren una nueva puerta hacia el plano espiritual. Es aquí donde empiezan a tomar protagonismo las generaciones que nacieron a partir del año 2000, los cuales comenzarán a dictar sus propias reglas. El sextil que forma Neptuno con Urano traerá conflictos sociales en aquellos países que no hayan iniciado cambios estructurales en sus sistemas en el año 2020. Y estas precisiones no intentan únicamente describir un fenómeno local sino una dinámica global.

Este proceso de pulsión de supervivencia colectiva a diferencia de la energía marciana que representa la pulsión de supervivencia personal, representa en cierta forma la integración energética interdimensional (tal vez de la tercera a la quinta), hacia planos de consciencia más elevados. La pulsión es algo que es más fuerte que nuestra voluntad algo que no podemos contener. Es un movimiento de liberación de aquello que es ajeno a nosotros, el final de una etapa de depuración y limpieza profunda. Este será un año de regeneración y renacimiento, Plutón es la transmutación.

Periodo de la Revolución Comunicacional
(2024-2025)

Finalmente Urano estará saliendo del signo de Tauro para entrar en Géminis aquí empiezan los años de la REVOLUCION COMUNICACIONAL en todos los órdenes, la energía de su regente Mercurio producirá un salto cuántico en las telecomunicaciones y en la forma de relacionarse de las personas; por otro lado Neptuno estará saliendo de Piscis, viviremos una época de rebeldía social, mucha libertad sexual y nuevas tendencias en las corrientes de pensamiento, la moda y el diseño. Se producirá un descreimiento general de la política para que el pueblo comience a organizarse por si mismo.

Todos los tránsitos estarán llegando a un punto de convergencia energético, la conjunción Neptuno-Saturno entre el mes de Mayo y Noviembre convergerán 6 tránsitos entre planetas lentos, Saturno y Neptuno entran en el signo de Aries, se producirá un trígono de Urano y Plutón, un sextil Neptuno-Plutón y un sextil Neptunó y Urano se le sumaria otro de Urano con Saturno y como si esto fuera poco otro sextil Plutón-Saturno; que les puedo decir, la implosión energética del 2025 se va a escuchar del otro lado de la Galaxia.

Pueden pasar mil años antes de registrarse un hecho de este precedente y características, sería un mega estelium de planetas transpersonales y transformadores tanto del plano físico, mental y espiritual simultáneamente, mi interpretación personal es que un acontecimiento de gran magnitud podría cambiar el rumbo de la historia a nivel planetario. Tal vez el salto de conciencia sea tan grande e imprevisible que cualquier pronóstico carecería de validez alguna.

Para terminar, venimos atravesando diversas épocas, hemos pasado por reinos, reyes, imperios, capitalismo, comunismo, dictaduras, revoluciones, los años 70s los 80s los 90s, patriarcados, movimientos feministas, por conductas mecanicistas de adquirir, consumir, presumir y acumular todas estas fueron expresiones individualistas del ser humano. Es un momento de expresiones colectivas más universales, este escenario astrológico transformador nos va a ser remitir a nuestros orígenes, nos va hacer volver a la tribu, a ponernos a todos juntos en la mesa. Vamos a volver a las comunidades, a una nueva conciencia global aquariana de cooperación y diversificación.

Estos sucesos entre 2020 – 2025 ya los han visto los Indios Hopi, los Mayas, y grandes astrólogos como Tom Kenyon y Sylvia Browne, concluyendo que es un proceso mediante el cual un gran círculo de tiempo y de crecimiento evolutivo que la humanidad tiene que atravesar.

Todos estos procesos que van desde pandemias, contracción de la economía, estallidos sociales, avances tecnológico, guerras, cambios geopolíticos, gobiernos liberales que se van, gobiernos sociales que entran, pobreza- abundancia, son la manifestación de una dualidad que el hombre tiene que comprender y trascender, para poder escapar de un determinismo planetario que limita nuestro libre albedrío y evolución hacia otro plano de conciencia.

"Los sabios estudian a las estrellas, y los necios las obedecen"

Cosmovisión estratégica de la Argentina

Este periodo es el comienzo de un proceso donde debemos trascender un problema de concepción que cargamos hace más de 200 años, es un aspecto del Sol natal en oposición a su Luna Natal, y aquí es donde reside la verdadera grieta, astrológicamente fue un bautismo poco feliz dado su celebración en Luna llena cuando para un buen inicio se aprovecha la luna nueva. Lo más curioso en relación a la elección de esta fecha es determinar si fue elegida arbitrariamente o premeditadamente, ya que en la firma del acta entre 29 participaron 11 "sacerdotes" muchos de ellos muy bien adoctrinados en Teología y Filosofía, y este es el punto donde discrepo con muchos colegas que sostienen que ninguno de los gestores de 1816 reparó en la configuración astrológica de este evento. Desde la óptica de la lógica conceptual, mi hipótesis es que quien o quienes hayan elegido la fecha tenían conocimientos erróneos y sesgados en la materia, y eligieron este tránsito lunar por si algo saliera mal en un futuro, en consecuencia los gobernantes quedarían a perpetuidad sometiendo o enfrentando a la sociedad civil.

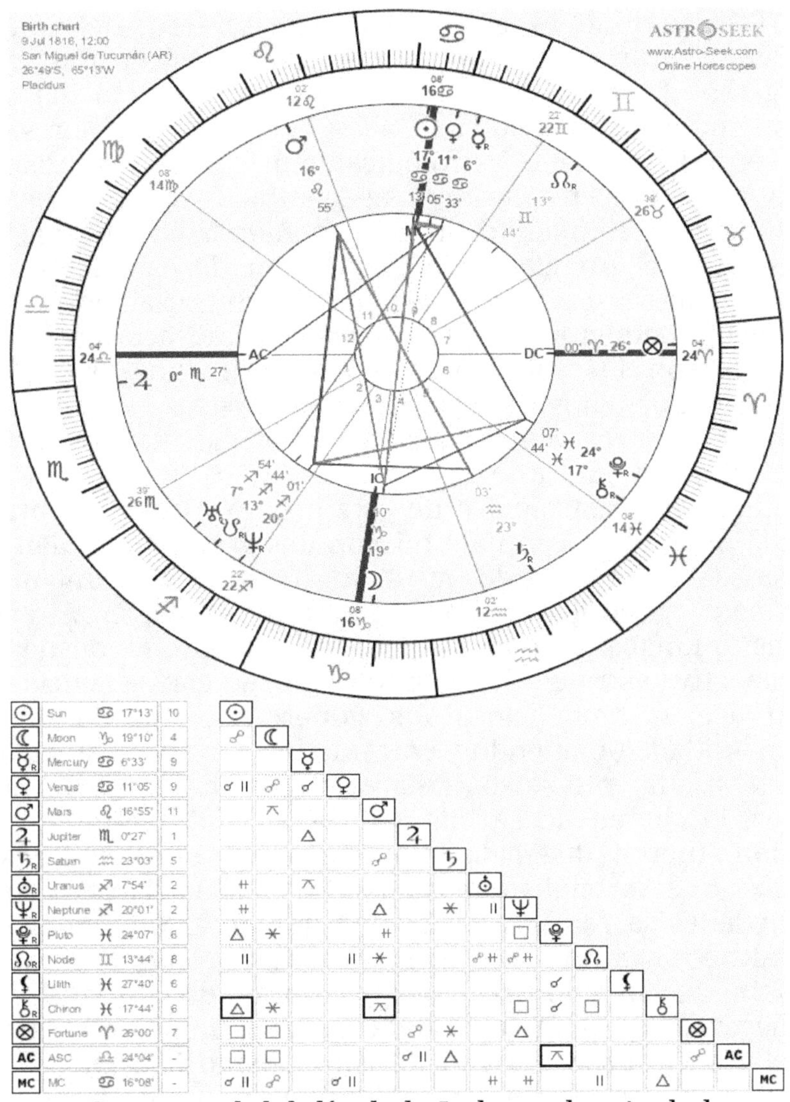

Carta natal del día de la Independencia de la
República Argentina, 9 de Julio 1816.

Este periodo es el comienzo de un proceso donde debemos trascender un problema de concepción que cargamos hace más de 200 años, es un aspecto del Sol natal en oposición a su Luna Natal, y aquí es donde reside la verdadera grieta, astrológicamente fue un bautismo muy poco feliz en relación a su celebración en Luna llena, cuando para un buen inicio es apropiada la luna nueva. Lo más curioso en relación a la elección de esta fecha es determinar si fue elegida arbitrariamente o premeditadamente, ya que en la firma del acta entre 29 participaron 11 "sacerdotes" muchos de ellos muy bien adoctrinados Filosófica y Teológicamente, y este es el punto donde discrepo con muchos colegas que sostienen que ningúno de los gestores de 1816 reparó en la configuración astrológica de este evento. Desde la óptica de la lógica conceptual, mi hipótesis es que quien o quienes hayan elegido la fecha tenían conocimientos erróneos y sesgados en la materia, y eligieron este tránsito lunar por si algo saliera mal a futuro en desde su perspectiva estratégica de largo plazo, en consecuencia de esta acción tendenciosa los gobernantes quedarían a perpetuidad sometiendo y enfrentados a la sociedad civil.

Mi argumento se sustenta en que la ciudad de Buenos Aires, la ciudad de La Plata y Rosario entre otras en la región, fueron diseñadas por Masones "Constructores", logias que a mediados del siglo XVII nacieron como sociedades secretas, una cuestión que desarrollaremos en el último capítulo de este texto. Más allá que estos señores hayan sido participes necesarios de la perdida de la hegemonía española en toda América, también dejaron huella en la urbe porteña del simbolismo Masón, por si alguien no se percató del "Compas" que trazaron en dirección este-oeste (diagonal norte, diagonal sur), y su línea directriz saliendo de la plaza de Mayo hacia el Congreso Nacional, formando una cruz de 7 cuadras casi exactas de ambos lados de Av. 9 de Julio, un tanto cabalístico, ¿no les parece?

La primera diagonal cruza el obelisco, un símbolo potenciador de las energías telúricas (representando el falo), terminado en el "Palacio de Justicia" (dominio de Júpiter). El punto es que los Egipcios entre otras antiguas civilizaciones hacían lo mismo con sus construcciones, orientaban sus pirámides y monumentos en relación a un patrón geométrico-estelar, la masonería de manera simbólica intenta emular a estas antiguas culturas, tomando algunos elementos como por ejemplo, la pirámide y el ojo de Horus "que todo lo ve", pero a lo largo de la historia su sentido iniciático y esotérico ha sido distorsionado por aquellas doctrinas de quienes le otorgaron poder, utilizando arbitrariamente estos símbolos para promover sus intereses particulares dado que sus intenciones y propósitos están bastantes disociados a lo que se buscaba en el pináculo de las antiguas civilizaciones..

Figura 9 foto aérea más antigua de Ciudad de Buenos Aires, (tomada el 27 de noviembre de 1919 a las 10 hs).

En conexión con esta hipótesis podemos concluir que, casi nada ha sido librado al azar incluso el lugar y fecha de la Independencia, esta sociedades tenían sobrado conocimiento en Teología, Astronomía y en la tradición hermética, sino cual sería el sentido de plasmar tanto simbolismo en los símbolos patrios, por ejemplo el Escudo Nacional, en el trazado de las calles, cementerios, catedrales y edificios. Y por último para los incrédulos, la reafirmación de la existencia de una tradición astrológica en absolutamente todas las sociedades secretas queda demostrada con la minuciosa coordinación que fueron programadas las fechas de Independencia de los Estados Unidos, 4 de Julio de 1776, Venezuela, 5 de Julio de 1811 y Argentina, 9 de Julio de 1816, los tres países bautizados bajo el signo de Cáncer. Sea casualidad o Causalidad, no podemos negar que pareciera que todo esto fue diseñado con el propósito de que estos países a lo largo de la historia sigan un sendero de subordinación y alineamiento con intereses foráneos, que el imperio británico y la "santa iglesia" premeditaban perversamente bajo los sombras.

En otro orden de magnitudes, el Sol representa en Astrología Mundial a los gobernantes o "conductores" y la Luna al pueblo, mi interpretación personal es que aparte de enfrentar al pueblo con sus líderes, es que la política económica y social que tomen estos, tienden a perjudicar los intereses colectivos y el bien común, pero como el Sol se encuentra en cúspide con el medio cielo, se pondera como astro dominante de esta configuración, en consecuencia la figura del primer mandatario siempre tendrá mucho peso, convirtiéndolo en un país muy presidencialista. También cabe destacar que el Sol tiene un tremendo trígono partil con Quirón a 17° del signo de Piscis, y a su vez está en conjunción a Plutón todo en casa 6, cuestión que no se puede solo simplificar como un aspecto profundamente transformador, dado que a los que les toca ejercer circunstancialmente el poder, de-construyen todo lo que la administración anterior hizo, transgrediendo reglas y normas, poniendo siempre sus intereses mezquinos y particulares por encima del interés colectivo y el bien común de la sociedad. Es como una permanente re-significación de una herida del pasado donde confrontan unitarios y federales, peronistas y radicales, una especie de disputa eterna donde de un lado se responsabiliza al otro de todas las miserias que han ocurrido en el país.

Existe sobrada evidencia de que en Argentina se ha experimentado con todo tipo de modelos y políticas económicas como sociales, y todas a lo largo de los últimos 100 años, y todas han fracasado, más allá de quien y como las aplico. Es por eso que coincido categóricamente con aquellos astrólogos que sostienen que hay que refundar la república astrológicamente hablando, y creo que este cambio podría ir en sintonía con este momento cósmico, el inicio del segundo ciclo de 72 años de la era acuariana, para acompañar el salto cuántico en la conciencia colectiva que el pueblo está experimentando.

Nuestro país tiene a Júpiter conjunto al ascendente en cúspide ubicado a los 0° de Escorpio, ubicado en esa rendija energética entre dos signos y en la puerta de condensación de los fluidos (el ascendente), el efecto expansivo de Júpiter se encuentra aquí en su máximo exponente, esta influencia se ve reflejado en una justicia que tiene fallos desmedidos, desmesurados, a tal punto que se convierte en una justicia perversa. No es aislado interpretar el trígono que Mercurio tiene con Júpiter ya que es una tendencia buscar soluciones para nuestros problemas comerciales en el exterior sin poder ver que la solución la tenemos puertas adentro. La solución esta más vinculada a nuestros recursos humanos que apuntan más a la creatividad el desarrollo científico en todos los campos principalmente la medicina la informática.

Es muy relevante destacar que nuestro país se caracterizó por elegir presidentes en afinidad al mismo elemento de su Sol natal, la mayoría son signos de Agua y Aire, Perón Libra, Menem Cáncer, Nestor y Cristina Kirchner Piscis, Macri Acuario y el actual Presidente Aries igual que Alfonsín, en oposición al ascendente del país, no es casualidad que estemos así, por este motivo es muy importante entender la importancia de las próximas elecciones, porque el día que tengamos un candidato presidenciable cuyo Sol natal se encuentre cercano a los mismos grados del ascendente del país o en el mismo grado donde reside Júpiter 0°, tendremos el Presidente más exitoso y facultado para conducir los destinos de la Patria.

Ciclos Planetarios para 2023

El aspecto energético de Plutón en su tránsito por Capricornio estará para esta fecha terminando lo que queda del viejo sistema, junto con el Plutón natal que está a los 24 grados de Piscis, posición que favorece que salgan a la superficie todos aquellos conflictos que el ser humano puede tener ocultos en su inconsciente, es un momento donde todo el planeta entra en un gran procesos de depuración, por eso a nivel colectivo promueve la regeneración del plano espiritual.

También resulta una posición óptima para investigar todo aquello relacionado a los descubrimientos científicos, médicos y tecnológicos que estaban ocultos, también la energía atómica o recursos energéticos que se encuentran bajo tierra (no necesariamente petróleo) lo más probable que sea el Litio u otros, el conflicto que existe para su explotación reside en que Neptuno natal en la casa 2 hace que estos puedan ser incorrectamente administrados, porque en ciertos casos tienden al despilfarro, teniendo una gran dificultad para ver claramente la realidad acerca de una situación financiera. Desde otra perspectiva, estratégicamente hablando, impulsa a "regalar "la explotación de los recursos a otros países o empresas con intereses contrapuestos al país.

En esta misma dirección Plutón de transito va estar en cuadratura a Júpiter, esto va traer procesos de tensión y restructuración con la Justicia, y será el momento indicado para definitivamente terminar de transformar esta corporación medieval y ambigua, "metafóricamente hablando".

Lo más trascendental para Argentina vendrá de la mano de Júpiter y Saturno a partir del 21 de Diciembre de 2020 que será el punto de inflexión para el despertar de una conciencia social que protagonice los cambios en la próxima década.

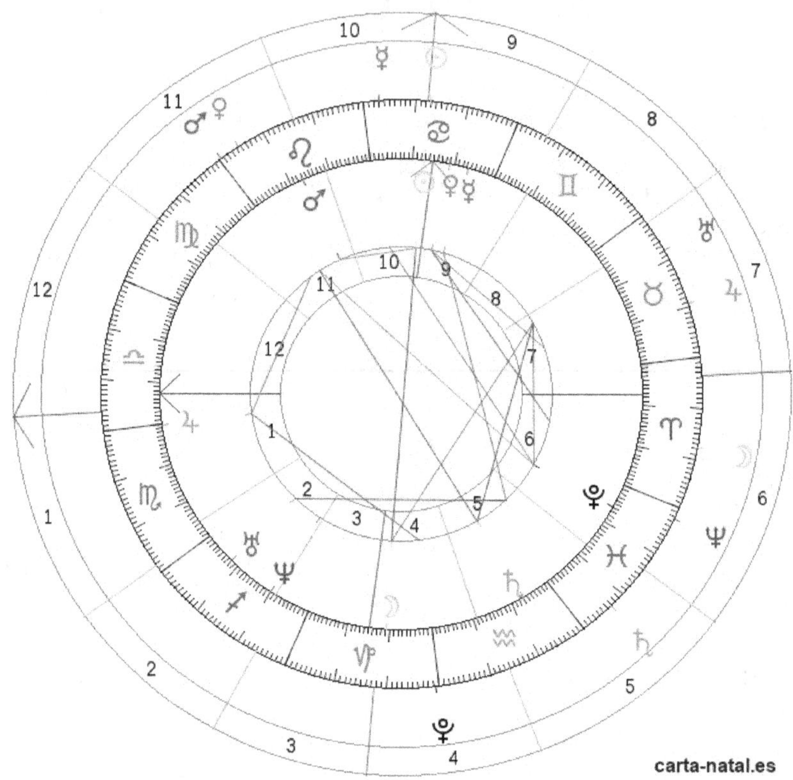

Carta Astral para la República Argentina en sinastria con su revolución solar para el 9 de julio de 2023.

Capítulo VI
Infodemia

La Pandemia ha creado un efecto de sentido común apocalíptico. Las mayorías populares con conciencia social plantean el derrumbe de un modelo económico basado en el fundamentalismo del estado presente, dado que el socialismo ha demostrado ser incapaz para resolver el problema sanitario. Un ejemplo son las cifras aterradoras de fallecidos en países donde el Estado ha intervenido con cuarentenas eternas con la excusa de proteger a los ciudadanos. Los casos más paradigmáticos son Argentina, España, Francia e Inglaterra.

Las élites parasitarias de este planeta advierten el peligro de un proceso de despertar de la conciencia colectivo que se viene acelerando a escala geométrica en consecuencia atacan con toda su artillería mediática con la única intención de eliminar todo obstáculo que les impida seguir concentrando la riqueza del 99 % de la población mundial. Para ello financian a todos los medios masivos de comunicación o desinformación, instalando como herramienta de control social el miedo, contratando contadores de muertos profesionales por tv las 24 horas. Todo esto con la complicidad de la OMS y mercenarios pseudocientificos de ONG financiadas por el estado profundo.

La Infodemia es directamente proporcional al derrumbe de la ficción que sostenía el socialismo.

Ecología Mediática

La Ecología Mediática es una "… metadisciplina compleja y sistémica, cuyo objeto de estudio son los cambios que han producido las tecnologías y los medios de comunicación en las sociedades a lo largo de la historia" (Islas, 2015, p.1057).

Para Scolari (2015), la "metáfora ecológica" admite al menos dos interpretaciones: i) los medios como "ambientes" y ii) los medios como "especies". En el primer caso, las tecnologías de la comunicación, desde la escritura hasta los medios digitales, "generan ambientes que afectan a los sujetos que las utilizan" (p. 29). En el segundo, "los medios de comunicación son como 'especies' que viven en el mismo ecosistema y establecen relaciones entre sí" (p. 30).

Por lo tanto, desde un punto de vista a la vez diacrónico y sincrónico se observan sinergias y conflictos, convergencias y divergencias, emergencia y extinción de nuevos y viejos medios. Según la jerarquía semiótica, los objetos soportan, por ejemplo, convergencias tecnológicas cuyas "afordancias" suscitan nuevas prácticas semióticas.

El caso paradigmático son los teléfonos inteligentes que nos permiten estar conectados a Internet todo el espacio-tiempo. Mientras nos desplazamos podemos hablar con alguien situado en cualquier parte, recibir notificaciones, consultar las redes sociales, el correo, ver vídeos, enviar mensajes, grabar audios y escuchar música o la radio. Muchas de estas acciones las realizamos de manera simultánea en medio de la calle, lo que dispersa nuestra atención y ralentiza el ritmo de nuestra marcha.

Nueva Ecología Mediática

Los nuevos medios generan nuevas prácticas y pactos de lectura y consumo. Capturan la atención de los nativos y migrantes digitales. Los medios tradicionales pierden público joven y luchan por adaptarse a la nueva ecología.

Así se crea una disputa por la hegemonía del sentido donde los primeros se autoproclaman periodismo serio mientras descalifican la calidad de información de las redes.

Lo cierto es que la agenda ya no es impuesta siempre desde arriba hacia abajo sino que la "viralización" de noticias en las redes puede, a veces, imponer la agenda en un movimiento de sentido opuesto. Las sinergias entre diversos medios tradicionales y no tradicionales que comparten una misma visión del mundo llevan a conformar monopolios y oligopolios que se expanden de manera tentacular. Son verdaderos depredadores de la atención y constructores del sentido común.

En la Nueva Ecología Mediática estamos saturados de información. Ya no podemos distinguir las noticias verdaderas de las falsas, del "infotaitenment" (información + entretenimiento) ni de la "publinota" (publicidad + nota). Estamos "infoxicados". En efecto, la "infoxicación" (Postman, 1995) es un neologismo que da cuenta de la dificultad que tenemos para organizar la información. La sociedad digital carece de un principio organizador, de una "narrativa trascendente" (Scolari, 2015, p.31).

La pregunta que surge es qué táctica utilizar para "desinfoxicarse", o, si se prefiere una metáfora borgeana, dónde hallar el hilo de Ariadna con el cual tejer una narrativa que nos permita orientarnos en los laberintos digitales y no ser devorados por el Minotauro de la posverdad.

Capítulo VII
Humanismo Digital

Estos sucesos entre 2020 – 2025 ya los han visto los Indios Hopi, los Mayas, y grandes astrólogos como Tom Kenyon y Sylvia Browne han visto un gran círculo de tiempo de Doueihi (2011) plantea la existencia de un Humanismo digital. Se basa en la clasificación de Lévi-Strauss (1956) según la cual hay tres humanismos: i) el Humanismo del Renacimiento, anclado en el redescubrimiento de los textos de la Antigüedad clásica; ii) el Humanismo exótico, asociado al conocimiento de las culturas de Oriente y de Extremo Oriente; y iii) el Humanismo democrático, el de la antropología que abarca todas las actividades de las sociedades humanas. La antropología del iv) Humanismo digital es del *homo digitalis.*

El cuarto humanismo está dentro de la Cultura digital. Una de sus características es el rol de las tecnologías digitales en la alteración radical de nuestra relación con el espacio-tiempo. Tal es así que transforma nuestra socialización, nuestras prácticas. Acelera nuestros intercambios, nuestras comunicaciones y nos somete a una especie de tiranía de la inmediatez e instantaneidad (Doueihi, 2011, p.9).

Por otro lado, la "conversión digital" altera aún más el espacio. Su originalidad deriva de la espacialidad emergente que implementa. "Es en este sentido que reinventa la vida cotidiana, con sus espacios habitables, sus modelos de comunicación y sus valores" (p.11). Por lo tanto, afecta a la persona y a sus representaciones, a la identidad y a los objetos. En otros términos, modela nuestra visión y exploración del mundo.

La cultura digital intensifica la globalización, en tanto fenómeno multidimensional que sucede en tiempo real y cuyo escenario es el mundo. Las fuerzas centrífuga y centrípeta que genera se manifiestan como expansión y concentración, lo cual implica monopolio y exclusión. Los monopolios mediáticos son un ejemplo.

Homo Digitalis

Es un caminante de los espacios híbridos. Un paseante rodeado de sus relaciones múltiples -aunque virtuales-, de sus identidades diversas que circulan como una voz, una presencia. Su rostro y sus avatares son el índice de esta forma social que son el intercambio y la participación en el ciberespacio.

Los sitios de su sociabilidad son esta nueva ciudad virtual en emergencia que trasciende las fronteras analógicas de las naciones. Es un individuo conectado a Internet casi todo el tiempo, y está disperso en las múltiples pantallas que utiliza de manera simultánea y compulsiva. Pero también es un "hombre variable",

"… un individuo dotado con el poder singular de manipular máquinas y hacer que hagan cosas inesperadas; la variación en el mundo digital es una forma de protesta y resistencia contra las tendencias normativas de la tecnología. La variación y la variabilidad son como la fortuna, que hace posible, que actualiza lo que es imprevisto al oponer formas diferentes de racionalidad, incluso contradictorias". (Doueihi, 2011, p.260)

Desfase entre Pactos de Lectura

En 1998, Saldaña escribía que Borges no era un "autor para todos" porque ningún otro escritor contemporáneo lo era. "El desfase queda situado entre un modo de leer, prescripto, decimonónico, lineal, y una escritura moderna, o posmoderna que le pone sitio y le exige su rendición" (p.1). Lo mismo puede aplicarse a los pactos de lectura en la Nueva Ecología Mediática. Ahora existe un desfase entre un modo de leer y una narrativa transmedia, la cual, como recuerda Scolari (2017),

"... es un relato que se expande en muchos medios y plataformas con la cooperación de los fans. Para interpretar ese universo narrativo el lector debe activar una serie de competencias y experiencias previas que no están presentes en la lectura tradicional". (p. 181)

A este nuevo lector, Scolari lo llama "translector". Es un "lector multimodal que debe dominar diferentes lenguajes y sistemas semióticos, desde el escrito hasta el interactivo, pasando por el audiovisual en todas sus formas". Esto significa que, por ejemplo, dicho lector podrá reconocer a los personajes o fragmentos de la saga Game of Thrones en los dibujos de un comics escrito en soporte analógico, en los capítulos de la serie televisiva, en los diálogos de un radioteatro o en los memes viralizados en las redes sociales para festejar el triunfo de un candidato político sentado en el trono de hierro.

A este conjunto de competencias del translector, lo llamaremos "narratividad transmedia". Y la definiremos como el recorrido generativo de sentido que se (re)construye a través de distintos medios. Se aplica tanto a la significación como al comportamiento, a la acción de un (trans) Autor / Lector Modelo. Hace referencia a la expansión y contracción de un relato mediante el recorrido que hacemos a través de cada médium.

En cada uno de los medios en tanto objeto soporte, se manifiestan algunos fragmentos del relato integral y potencialmente infinito. En términos mercantilistas, se alude al recorrido del "prosumidor" (productor + consumidor) en su búsqueda de sentido. Esta capacidad de exploración transmedia es una de las características potenciales del homo digitalis.

Capítulo VIII
Guerra Irrestricta

También conocida como Guerra no convencional, asimétrica, híbrida, de baja intensidad, de Cuarta Generación, la Guerra Irrestricta es una noción acuñada por los coroneles chinos Liang y Xiangsui (1999). Ambos plantean el uso de "todos los métodos, incluyendo fuerzas armadas o fuerzas no armadas, militares y no militares, letales y no letales, para imponer al enemigo nuestros propios intereses" (p.7).

Unrestricted Warfare surge ante la amenaza del estado profundo norteamericano, como una propuesta de tácticas para países en desarrollo, con el objeto de compensar la inferioridad militar frente a Estados Unidos durante una eventual guerra de alta tecnología. La tesis es la siguiente: al tratarse de una guerra asimétrica, la única regla es que no haya reglas. Se amplía el concepto de "guerra", ya que aumenta el espectro de posibilidades de ejercer violencia. Traspasa "... el dominio de lo militar para combinar de manera irrestricta elementos de los distintos alcances de la seguridad, sobrepasando sus fronteras, por medio de combinaciones en lo supranacional, supradominio, supramedios y supraniveles, con la finalidad de controlar al adversario". (López, 2015)

Las élites se apropian de la Guerra Irrestricta y la aplican contra el populismo latinoamericano. Como ya lo hemos señalado, el Lawfare es uno de sus métodos.

Guerra Semiótica Irrestricta

Denominamos Guerra Semiótica Irrestricta (GSI) al ataque constante e irrestricto de la Corporatocracia en contra de la consolidación de las naciones libres, a través todos los medios, con el fin de neutralizarlas o destruirlas para consolidar una visión colonialista del mundo.

Algunas de las tácticas de la GSI son la expansión y concentración de medios, la censura directa o indirecta de voces disidentes, la instalación de una semiósfera totalitaria, la propagación de noticias falsas para construir un enemigo conspiranoico y la agresión perpetrada por ejércitos de trolls financiados por el estado profundo.

Capítulo IX
Astrología Científica y Ecología Mediática

Al igual que en la ecología de los medios uno de los aspectos de estudio en la Astrología científica es la circulación de la energía y la materia a través de un sistema. Los signos del zodiaco son divisiones especializadas del espacio que rodea al hombre sobre la tierra, y los planetas son organismos que integran un conjunto llamado sistema solar.

Marshall Mcluhan no solo propuso las referidas etapas históricas, además estableció que a cada etapa histórica corresponde un determinado "ritmo informacional" y un medio de comunicación principal. En la primera edad —la edad tribal—, la circulación de la información era muy lenta. Tomó miles de años poder inventar el primer alfabeto fonético. En tal periodo histórico, el equilibrio sensitivo fue absoluto. Con la invención del alfabeto fonético se aceleró la circulación de la información, y el sentido del oído empezó a ser relegado a un segundo plano por el sentido de la vista. En la Edad Media, el desarrollo de las comunicaciones y los sistemas de transporte incrementaron la velocidad en la circulación de la información. La imprenta fue el medio de comunicación dominante en la era mecánica o Galaxia Gutenberg. El sentido de la vista relegó aún más al sentido del oído. En la era mecánica fue posible acceder a la secuencialidad. La división del trabajo y el maquinismo fueron lógico resultado del nuevo orden impuesto. En la edad eléctrica -que dio inicio con la invención del telégrafo-, la información circuló aún más rápido, lo cual implicó mayor complejidad. Posiblemente la televisión admitiría ser considerada como el principal medio de comunicación en la edad eléctrica. En el libro Understanding Media: The Extension of Man, McLuhan postulaba que la televisión era extensión del sentido del tacto, pues este involucra todos los sentidos.

La integración de ambas ciencias está estrechamente ligado al conocimiento del potencial del ser humano para desarrollar herramientas de comunicación universal que lo integran a un ecosistema mediático, teniendo cada una de estas su propio "ritmoinformacional" y su propia dinámica al igual que los ciclos planetarios que marcan un ritmo determinado cada vez que llegan a un punto en la eclíptica celeste, imprimen una velocidad distinta a cada etapa. Al igual que lo describe MacLuhan en la era Tribal, esta etapa tuvo su propio ritmo informacional, era lento, esta periodo tuvo lugar durante la era de Piscis, donde la energía neptuniana hacia todo mucho más lento, cuestión que está estrechamente ligada a una dimensión de una densidad energética distinta a la actual, lo contrario de esta era acuariana que comienza en 1948, fecha que fue el origen de esta salto comunicacional y tecnológico, que muy bien ha interpretado y anticipado Macluhan.

Todos estos procesos que describen analíticamente ambas disciplinas configuran también un desarrollo de las capacidades sensoriales en el hombre, así también cualidades perceptivas del mundo circundante, y estas ciencias fusionadas deberían ser tomadas como un ejemplo de un método interpretativo y analítico de diversos fenómenos del orden humanístico psicológico y evolutivo.

Una visión moderna, eminentemente materialista, difícilmente considera la posibilidad de que todo en la naturaleza esté vivo, tenga significado y esté relacionado con nuestra existencia. La visión hermética sugiere que en el universo cada punto es el centro, y en torno a este punto gira un cosmos infinito de significado. Esto sólo sería posible si la totalidad de alguna manera estuviera presente en cada parte.

El hombre se ve afectado directamente por el medio ambiente de su comunidad y de su nación, de la misma manera todos los hombres y los seres vivos en la Tierra se ven sujetos a la cambiante influencia de su ambiente. El gran ambiente del mundo es el espacio mismo. Se dice en el Corpus Hermeticum: "Escuchad en vosotros mismos y mirad en el Infinito del Espacio y del Tiempo, allí se oye el canto de los Astros, la voz de los Números, la armonía de las Esferas. Cada sol es un pensamiento de Dios y cada planeta un modo de este pensamiento"

Pitágoras sostenía que, "La armonía sólo nace de la conciliación de contrarios, pues la armonía es unificación de muchos términos que se hallan en confusión y acuerdo entre elementos discordantes"

La ecología de los medios analiza cómo los medios de comunicación afectan la opinión humana, la comprensión, la sensación y el valor, y cómo nuestra interacción con los medios facilita o impide nuestras posibilidades de supervivencia. La palabra ecología implica el estudio de ambientes: su estructura, contenido e impacto en la gente, de la misma manera que los arquetipos astrológicos establecen estructuras psicológicas, asigna roles e incide en el ejercicio de estos.

Un ambiente es un complejo sistema de mensajes que impone en el ser humano formas de pensar, sentir, y actuar.

Elementos en común entre Ecología de los medios y Cosmobiología

1- Ambas tienen relación con ecosistemas biológicos tradicionales

2- Tienen un lenguaje propio de expresión

3- Las dos son metadisciplinas que se encargan de estudiar un conjunto de relaciones e interacciones entre símbolos, los medios, la cultura y el impacto psicológico en el ámbito social que estas tienen.

4- MacLuhan anticipo una aceleración de los ritmos, gran parte de esta aceleración se lo atribuye a la tecnología, fenómeno que a mediado de los años 50 ha sido registrado por físicos, astrónomos y astrofísicos en mapas con las primeras configuraciones de los confines del Universo. Luego en 1998 un grupo de Cosmólogos descubrieron que la expansión del universo había comenzado repentinamente a acelerarse, viniendo a confirmar la teoría de las supercuerdas, que intenta demostrar que el universo está compuestopor cuerdas vibrantes que funcionan en diez dimensiones. Aparentemente la quinta esencia un tipo de energía muy poco estudiada, que a partir de 1998 empezó a ejercer fuerzas antigravitacionales.

El biólogo sueco Carl Johan Calleman considera que el tiempo se está acelerando en ciclos repetitivos, en una escala espiralizada, moviéndose en círculos casa vez más pequeños hacia un punto final. Lo explica en su teoría del tiempo utilizando la estructura de ciertas pirámides mayas como modelo. Actualmente cada vez más cosmólogos están considerando en sus teorías modelos de campos energéticos provenientes de otras dimensiones.

Un ecosistema de medios se define en analogía con un ecosistema biológico tradicional como un sistema formado por los seres humanos, los medios de comunicación y la tecnología a través de cual interactúan y se comunican entre sí. También incluye las lenguas con las que expresar y codificar la comunicación. Lengua y tecnologías de mediar y crear ambientes como los medios de comunicación. Medios y lenguajes son ambas técnicas y herramientas, como cualquier otra forma de tecnología. Medios de comunicación y las tecnologías son lenguajes de expresión, que al igual que una información se comunican con lenguaje de su semántica y la sintaxis propia y única. Dadas estas coincidencias, podemos afirmar que el estudio ecológico de los medios de comunicación no se puede restringir a los medios de comunicación en sentido estricto, sino que también debe incluir la tecnología y el lenguaje y las interacciones de estos tres ámbitos, que juntas forman un ecosistema de medios (Logan, 2010, pp. 33-34).

La Ecología de los Medios es una metadisciplina que se encarga del estudio de un conjunto complejo de relaciones o interrelaciones entre símbolos, los medios y la cultura. La palabra ecología implica el estudio de los ambientes y sus interrelaciones: contenido, estructura, e impacto social.

Para la astrología humanística los arquetipos se hacen visibles en nuestra mente a través de símbolos, mucho más que una simple imagen un símbolo es una manifestación cargada de energía del arquetipo.

Marshall MacLuhan señala como el drama eléctrico es la causa de la gran alienación que existe entre las generaciones. También a guerras, revoluciones rebeliones civiles se entrecruzan en los nuevos ambientes creados por los medios informativos eléctricos.

Es por eso que para poder analizar todas estas etapas históricas debemos comprender que estas son el resultado de un conjunto de procesos de carácter multidimensional, en consecuencia para explicar tanto su origen como sus diversos procesos,es preciso poder abordarlas y estudiarlas desde un plano multidisciplinario, en esto contexto la Astrología Científica como la Ecología de los medios son herramientas complementarias para esta exploración.

Las cartas astrales que consignamos a continuación vienen a explicar de una manera gráfica lo que a menudo se describen como sucesos azarosos (casualidad), y no son más que "causalidades"porque cada acontecimiento tiene un propósito, (acción y reacción) y son parte de la dualidad que gobierna el plano físico, y estas variables se deben tener en cuenta, para luego poder abordar diversos tipos de análisis a niveles más profundos y complejos de la dimensión fenomenológica.

Análisis de la Carta Astral de la creación de la Imprenta

Desde que Gutenberg creo la Imprenta a principios de 1455, fue que esta tuvo su auge recién a a principios de siglo XV, donde se empezaron a imprimir los primeros libros en serie. Este ciclo se ve muy bien reflejado por el transito que Plutón en conjunción con Urano 10 y 6 grados de Leo que es uno de los mejores signos donde Plutón puede expresar positivamente su naturaleza dual, muerte y renacimiento o sea transformación, y esta tiene un propósito divino (evolución), desde un enfoque psicológico representa el deseo consciente de explorar el subconsciente.

Pero en el plano físico Plutón simboliza la Transmutación y la Yoga (unión), esta transformación de los elementos más densos hacia más sutiles. Mercurio en Conjunción con Plutón representan ambos la transformación en el arte comunicacional, la ciencia aplicada a la creatividad y al ingenio, como excesiva curiosidad por lo literario, Mercurio en estos grados de Escorpio promueve a talentosos ingenieros, exploradores e individuos con aspiraciones revolucionarias e impulsos regeneradores. El signo de Leo le da una impronta más progresista a este aspecto, grandes personalidades destacadas de la época también exhibieron estas mismas cualidades.

Pero en el plano psíquico Plutón simboliza la Transmutación y la Yoga (Unión), esta transformación de los elementos más densos hacia más sutiles. Mercurio en Conjunción con Mercurio representan el arte transformar, la ciencia aplicada a la creatividad y al ingenio, excesiva curiosidad por lo literario, Mercurio en estos grados de Escorpio promueve a talentosos ingenieros, exploradores y personas con grandes capacidades psicológicas, diplomáticas y creativas.

Es ahí donde Urano tiene un papel importante, como innovador y revolucionario potenciando no solo la acción de Plutón, sino el sextil que este forma con Neptuno en Libra. Para coronar esta "Dualidad", que es muy bien descripta en el Tao, donde los opuestos se complementan, por otro lado tenemos en el signo de acuario a la Luna en conjunción con Mercurio, (la comunicación), donde este siente una afinidad especial porque aquí comparte la misma triplicidad de aire, con el signo de su domicilio Géminis. La mentalidad Acuariana es progresista, vanguardista y original orientada a lo humanitario grupal y colectivo es por eso que la conjunción de la Luna con Mercurio en este signo promueve un impacto global desde la creación de la imprenta.

A Plutón le toma casi 60 años plasmar este profundo cambio desde su paso por el signo de Leo hasta el signo de Escorpio donde la creación de la imprenta impulsa un salto comunicacional. Cincuenta años después, Plutón, (descubridor de una realidad existente pero oculta), protagonizo el ciclo decisivo en la llegada de la primera flota occidental a América, 12 de Octubre de 1492.

Para poder analizar ambos acontecimientos como parte de un mismo proceso vamos a centrarnos en explorar detalladamente los momentos decisivos que conectan algunos tránsitos que configuran este proceso de 47 años que transcurren entre 1455 y 1502, que fue donde tomaron lugar dos sucesos que cambiarían la historia radicalmente, uno fue el redescubrimiento de América y otro, los últimos años de la etapa final donde Peter Schoffer entre otros, fueran quienes perfeccionaran la mecánica tipográfica de Johannes Gutemberg, incursionando e innovando en cuestiones que hasta el momento nadie había podido plasmar.

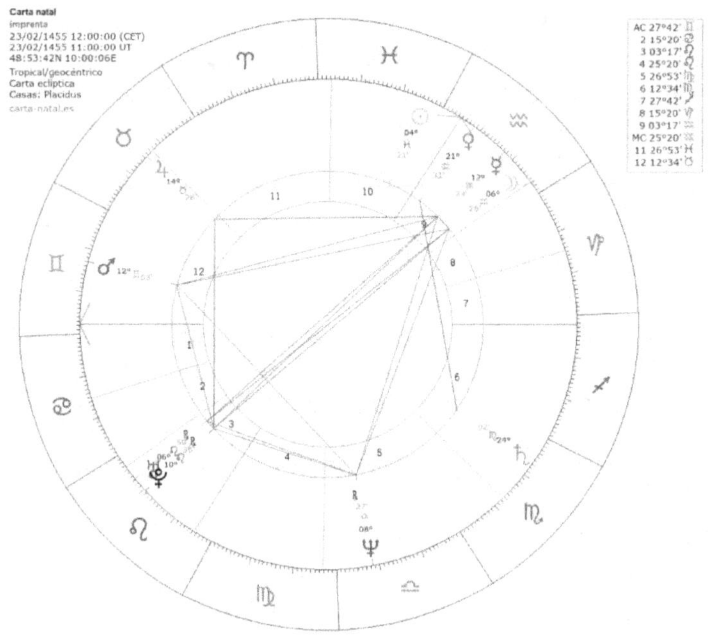

Si bien desde el punto de vista de la ciencia clásica y ortodoxa, estos paralelismos y "coincidencias" son vistos como un producto de la casualidad, nunca fueron rebatidos o analizados por una antítesis consistente dentro del marco de la ciencia clásica, tal vez fue reduccionista descalificar a priori, antes que realizar un revisionismo de los últimos 12 mil años de una ciencia astrológica, la cual tuvo un impacto crucial en culturas como la egipcia con la escuela Hermética, y en la Griega con la escuela Platónica.

Es curioso observar cómo la mayoría de los procesos están conectados en el tiempo con acontecimientos postriores que terminan con la concreción de él anterior, tal es así que el 27 de Agosto de 1831, el Británico Michael Faraday descubre el fenómeno de la inducción electromagnética, simultáneamente a una conjunción de Júpiter y Urano en el signo de Acuario, periodo del mismo año donde Faraday descubre que trazando un campo magnético alrededor de un conductor, haciendo que circule un flujo de corriente eléctrica en torno a ese eje, cuestión que significo una colaboración indirecta a la invención de la radio.

Si bien desde el punto de vista de la ciencia clásica y ortodoxa, estos paralelismos y "coincidencias" son vistos como un producto del azar, nunca fueron estudiados lo suficiente como para configurar otro marco conceptual de análisis en torno a esta fenomenología. El hecho de descalificar a priori, carece de fundamento científico, es por eso que para poder dar una interpretación objetiva de un suceso o un fenómeno bajo el enfoque astrológico, este tiene que constar de tres variables de estudio básicas.

1- Contemplar la naturaleza del planeta en relación a su influencia (Júpiter es de naturaleza, expansiva, centrifuga, potenciadora).

2- Analizar integralmente el contexto en relación al signo, el domicilio de la casa, los ángulos con el resto de los planetas, para poder determinar si las fuerzas en juego son armónicas o inarmónicas, esto quiere decir también si acompañan o no tanto la causa y el efecto del fenómeno de análisis.

3- Necesariamente debe existir evidencia empírica para poder contrastar que un fenómeno o suceso tiene antecedentes de similares o iguales características ubicados en una línea de espacio-tiempo. En síntesis si hay contraste estadístico hay rigor científico.

Plutón en su conjunción con Mercurio juega un papel fundamental en este tránsito por Escorpio en la casa 10, cuando mercurio está aspectado con un planeta este va en la dirección donde ese planeta lo lleve, se impregna de la energía del planeta más lento, en este caso Plutón, quien lo impulsa a explorar aquello que está oculto, por debajo de la superficie. En este contexto histórico la energía de ambos, estaba enfocada en la investigación, la búsqueda y la exploración que finalmente se concretó el 12 de octubre de 1492. Lo que trato de poner en relevancia es la capacidad transformadora de Plutón, inclusive cuando se trata de un proceso como este y sin restarle importancia al hecho de que Venus se encuentre casi en la cúspide de esta misma casa, con todo el impacto que tiene a nivel de los recursos, los valores y la fusión de las culturas que se produciría a partir de este momento.

Sólo nos enfocaremos en los aspectos más determinantes, porque el propósito de todo este análisis para distintas épocas, es simplemente encontrar correlaciones entre distintos sucesos históricos en relación a posiciones planetarias similares, en este contexto el Sol y la Luna son de extrema importancia, ya que el Sol se encuentra en conjunción con el medio cielo, casi en cúspide, simbolizando el éxito, los triunfos de los objetivos estratégicos en relación la ciencia a nuevos paradigmas culturales y hacia una nueva cosmovisión de un mundo que abre puertas a una nueva etapa.

Para poder entender el poder transformador de todos estos ciclos planetarios viajaremos hacia el futuro hasta 1739, momento donde Plutón cumple su periodo orbital, situándonos en el mismo mes de octubre solo 247 años hacia el futuro, para este momento estamos buscando algún acontecimiento disruptivo a nivel geopolítico en el mundo. Lo más curioso que para el 23 de Octubre de 1939 se declara la guerra de Asiento, entre la corona Británica y la Española, no solo en paralelo a la entrada de Plutón 3° del signo de Escorpio sino que este conflicto bélico converge en la misma área geográfica que tomo lugar en 1492, la disputa fue en las mismas islas donde desembarco Cristóbal Colón, demasiada casualidad.

Pero con la Astrología Científica no se juega a la ruleta, el objetivo es obtener información histórica, con el objeto de tener bases estadísticas que puedan configurar una síntesis científica, en consecuencia viajamos al futura otros periodo de 240 años hasta que Plutón vuelve a transitar en los primeros grados del signo de Escorpio y bingo, La guerra de las Malvinas, para este caso ya tenemos a este pequeño planeta transformador en conjunción a Marte un astro que le encanta la violencia, en 1739 estaba a 1° de Plutón justo el 23 de Octubre el día de la declaración de la guerra, y para aquellos que todavía les quede alguna duda, es notorio que en la década del 80 cayó el muro de Berlín entre otros acontecimientos que cambiarían el escenario geopolítico mundial.

Carta desembarco en América

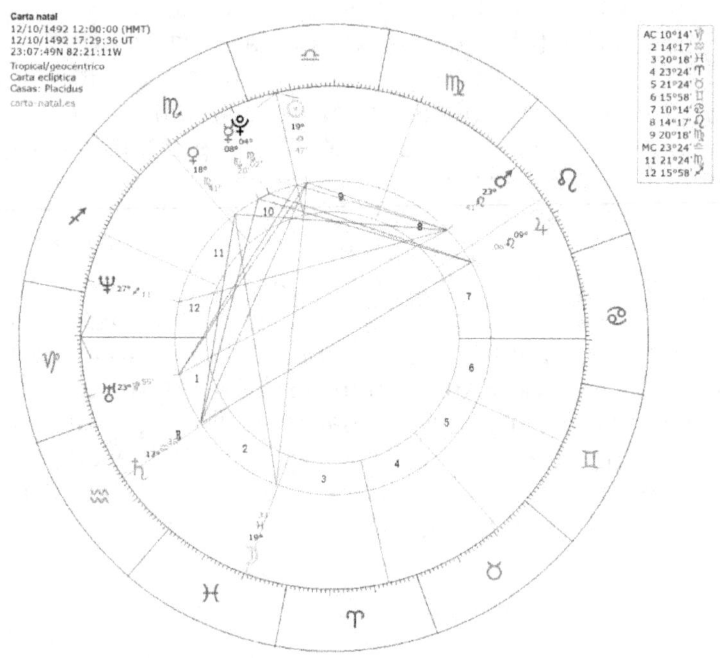

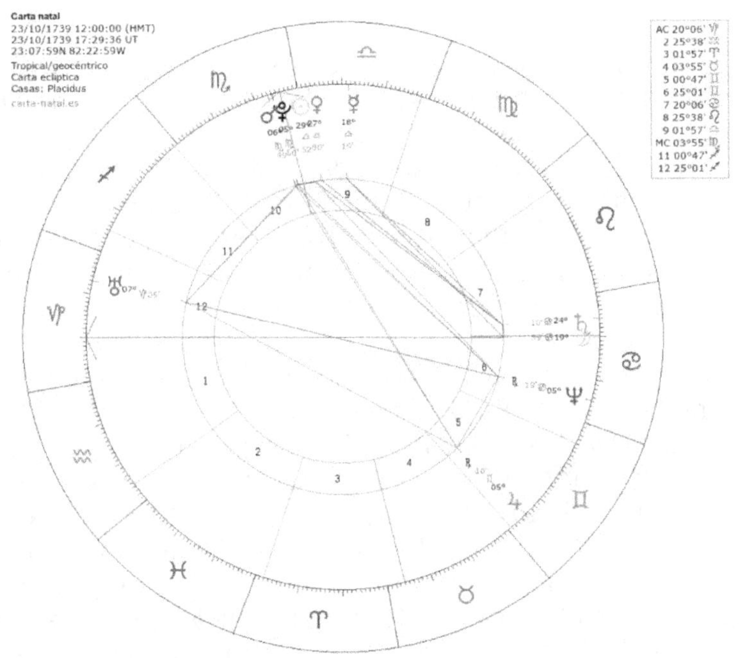

Carta de la declaración de la guerra del Asiento,
1739-1748

Análisis de la Carta Astral de la creación del Telégrafo

El Telégrafo fue un invento que es el resultado de una gran cadena temporal de aportes realizados por varios investigadores cuyo origen fue el 27 de abril de 1791 en la ciudad de Charlestown Massachusetts. Pero fue el fotógrafo y pintor Samuel F. B. Morse el que consiguió crear en 1837 el primer telégrafo, además de crear un alfabeto para transmitir la información. La primera comunicación telegráfica se hizo entre la ciudad de Washington Baltimore, que estaban a solo 60 km de distancia y esta fue el 24 de Mayo de 1844 siendo su primer mensaje "Lo que Dios ha creado".

En la carta levantada específicamente para esa fecha y las de los próximos eventos empezaremos a ver como se empiezan a repetir algunos patrones como alineaciones y trigonos entre Mercurio el Sol y algunas conjunciones entre Urano, Júpiter y Plutón los cuales son planetas protagónicos en el ámbito de la comunicación, los avances tecnológicos, la electricidad y el conocimiento científico.

La conjunción del Sol y Mercurio en Géminis nos muestra que hablar no necesariamente significa la verdadera comunicación, cuando aparece este aspecto y en el medio se ven involucrados individuos con un nivel de conciencia muy elevados, entonces pueden ser personas dotados de una inteligencia creadora con dotes organizativas y una gran amplitud de conceptos se ve reflejados en escritores e intelectuales como Borges, Cervantes, Oscar Wilde y Julio Verne.

Son para destacar los trígonos que el son tiene con Urano y Marte, con su octava superior Plutón, este último especialmente que es la manifestación de un trabajo que se ha venido desarrollando de manera intensa durante muchos años, que repentinamente brota, da sus frutos o sale a la superficie dando resultados concretos y visibles por acción de Plutón. En este particular se ve reflejado muy bien la naturaleza dual de las fuerzas invisible (un generador y un dispositor)

Algo similar ocurre en la conjunción de Júpiter y Urano, el planeta más rápido amplifica o potencia la energía del más lento en su tránsito por encima de este último. Se podrá observar en las sucesivas cartas como cada fenómeno es parte de un proceso que guarda relación con un plan cósmico a mayor escala.

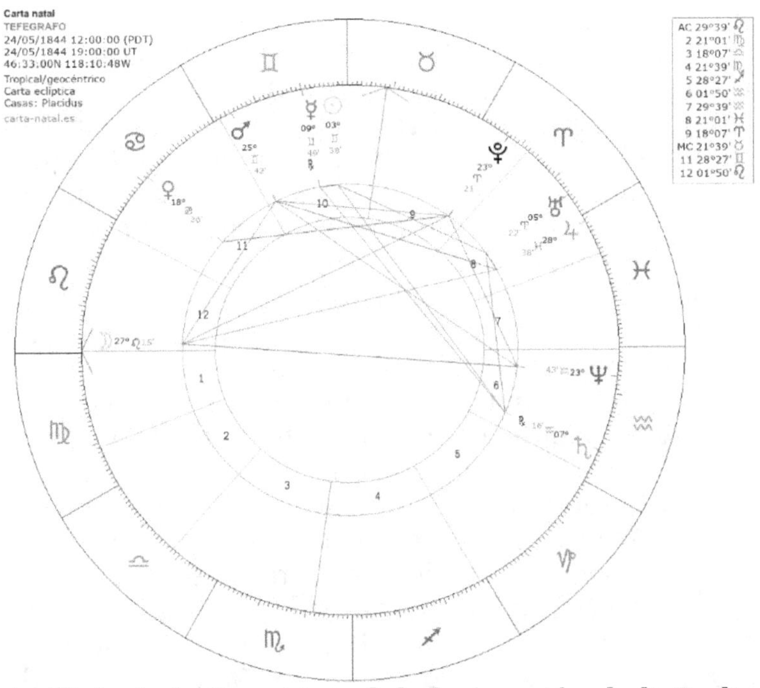

Análisis de la Carta Astral de la creación de la Radio

Es sumamente revelador el momento donde toma lugar la invención de la radio, Su inventor, el físico Italiano Marconi, accidentalmente escucha en su receptor un mensaje telegráfico que tiene lugar a 3000 km de distancia, desde ese momento le tomó exactamente un año transmitir su primer mensaje oficial de radio desde Canadá hasta Europa. De este hecho surge la pregunta más trascendental para este marco de análisis, ¿Cuál fue el motivo por el cual no pudo realizar su siguiente transmisión antes del 15 de Diciembre de 1902, si su transmisor ya estaba en funciones?

La explicación más racional está reflejada en las dos cartas, con las idénticas posiciones del Sol en conjunción con Urano en grados, con relación al año anterior donde "accidentalmente" se había filtrado un mensaje telegráfico en su receptor. El Sol para ambas fechas estaba en Sagitario, que entre otras cuestiones simboliza al arquetipo psicológico de la expansión creativa de la consciencia, e intenta impartir principios filosóficos tanto como perspectivas universales, pero principalmente tiene dominio sobre la expansión de las fronteras culturales.

El aspecto de mayor relevancia en el gráfico es la de Mercurio en cúspide de la casa que marca el MC y el stellium de cuatro planetas en Capricornio como la del Sol conjunto a Urano que se repite una y otra vez como dispositor de fenómenos impulsores en relación con los fenómenos eléctrico y los factores tecnológicos. La conjunción de Venus con el ascendente le da un sentido artístico, estético y comunitario por el hecho de encontrarse en el signo de Acuario. Muchos individuos con venus en Acuario tienden a priorizar la Amistad sobre el Amor. Cabe destacar que venus no solo confiere sentido,, estética, armonía y belleza sino que representa

los recursos y valores en el sentido más amplio de la
expresión.

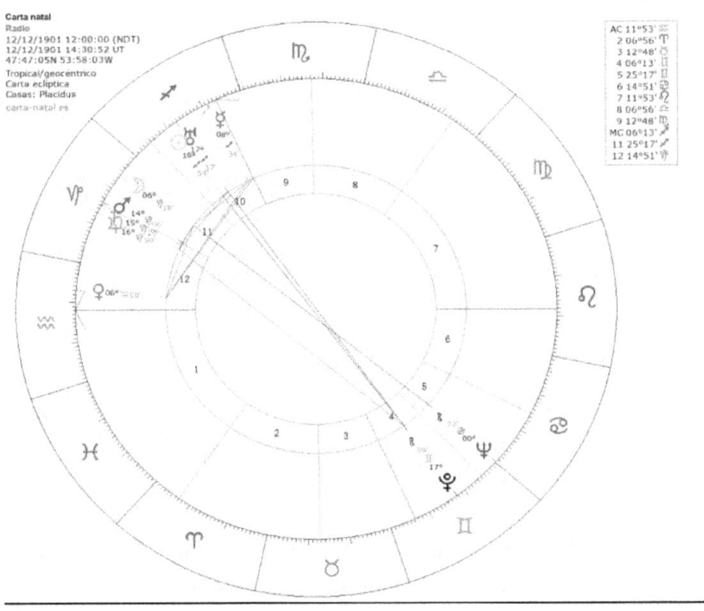

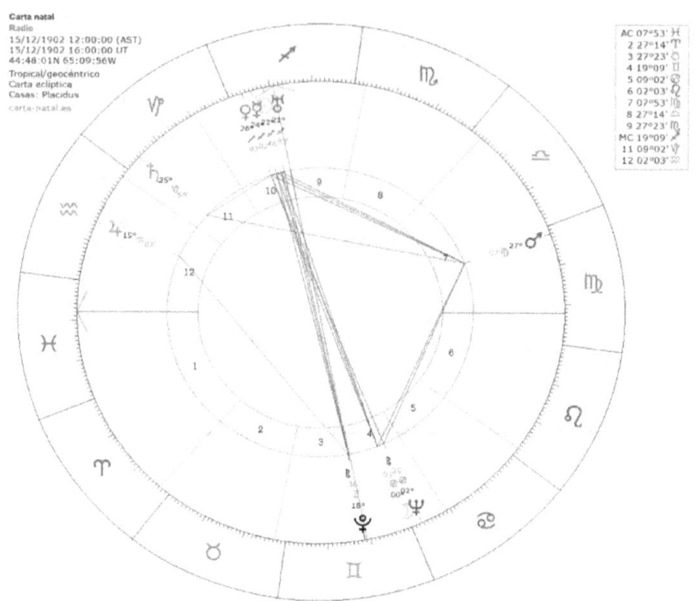

Es muy probable que la oposición de Neptuno y Plutón en este caso tengan que ver más con una dualidad complementaria que existe entre los signos que con fuerzas antagónicas opuestas al Sol, Urano y otros planetas, de hecho si observamos la geometría que forman los ángulos de estos aspectos, las cuadraturas en cierto sentido se pueden interpretar como aspectos formativos, o sea le dan como un marco conceptual a esa condensación de las energías planetarias, sin dejar de ser fuerzas en tensión como lo es la oposición. Pero nuevamente si entendemos todas estas energías como parte de un proceso, terminan teniendo en su conjunto un propósito evolutivo.

Análisis de la Carta Astral de la creación de la Televisión

A comienzos de la década de los 60s el célebre visionario y profeta de la información de masas Marshall Mac. Luhan autor del famosos aforismo "el medio es el mensaje" revoluciono con sus teorías sobre el potencial de los medios de comunicación la sociedad, predijo la influencia y los efectos de los medios de comunicación modernos en el hombre de la sociedad post industrial. Encontró en los aforismos una manera distintiva y humorística de comunicar, una de sus breves frases fue "La mayoría de las personas viven en una época anterior, pero uno debe vivir en su propio tiempo". Para el la manera de percibir la realidad está en relación directa con la estructura y la forma del informar, y cada medio a su vez está relacionado con una parte de la psiquis humana.

Mac Luhan afirmaba que "el impacto de la televisión en los niños no se debe tanto a su contenido como a la forma en que lo transmite a los puntos de luz proyectada hacia el televidente, carencia de detalle, a su movimiento y sonido, que crean una atmósfera envolvente y una experiencia táctil además de visual"

La innovación de la T.V. es un caso muy peculiar porque es la síntesis y fusión de varias tecnologías que venían gestándose durante los dos siglos anteriores como fueron la electricidad, la inducción electromagnética de esta y la propagación de señales por ondas con la radio. En una carta hay 4 planetas fundamentales y de mayor peso específico en función de su valor determinante, estos son el Sol la Luna, Saturno y Plutón.

En el signo de Acuario se presenta la conjunción del Sol con Júpiter en la cúspide del MC que casi siempre conjuga mentes iluminadas con inventores excéntricos que revolucionan al mundo con sus ideas, en estos grados la fuerza creativa del Sol es potenciada por Júpiter más allá de las fronteras de la posibilidad, la creatividad no tiene fronteras a tal punto que su propósito en este momento estelar se manifiesta con el trígono (aspecto armónico), que este tiene con el ascendente, situado en Géminis (la comunicación), para este caso simboliza la difusión del fenómeno.

Para coronar todo este esquema la Luna esta conjunta a Plutón en Cáncer, y la casa II que viene a representar los recursos materiales, las posesiones, el dinero y los ingresos. La profundidad de este aspecto tal vez esté relacionada con la transformación cultural y social que la televisión iniciaba en esta etapa del siglo 20. El trígono que presenta Saturno con Urano brinda una mezcla armoniosa de cambio y estabilidad para que este nuevo dispositivo pueda evolucionar a lo largo del tiempo.

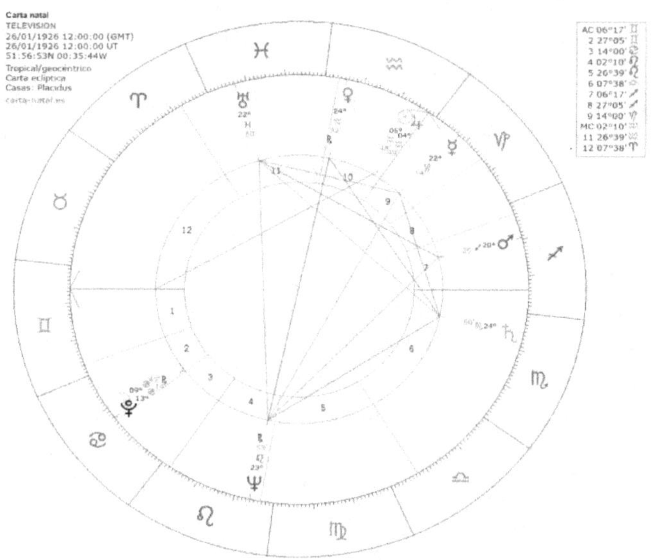

Análisis de la Carta Astral de la creación Internet

La creación de los protocolos TCP/IP son la piedra angular para el inicio de la Word Wide Web. Los aspectos en esta carta están asociados a reformas sociales, políticas y estructurales trascendentales que van de la mano de la conjunción Urano y Júpiter, sobre todo este último que se encuentra en su domicilio de regencia Sagitario, quien amplifica la energía revolucionaria e inspiradora, abriendo las puertas hacia nuevas dimensiones del conocimiento tecnológico o campos todavía no explorados.

El sol en Capricornio le vienen a dar un sentido a este propósito, una razón de ser a este momento, el regente de este signo es Saturno que junto con Júpiter son los señores del tiempo, (Cronocratores), existe un sincronismo para cada evento. Otro aspecto relevante en la carta es la conjunción de Mercurio con Venus porque uno simboliza las comunicaciones y el comercio y otro los valores en general como por ejemplo las monedas de curso legal, estas fuerzas interpretadas en paralelo con el esquema que plantea Capricornio a Venus, y a Mercurio entrando en Acuario, se pueden entender como los elementos transportadores del mensaje, el cual determinara el medio y el significado universal que la internet tendrá. No es accidental que sean dos los protocolos de encapsulamiento con los que funciona la red.

La Luna está en un ángulo armónico con Urano y Plutón en conjunción con Saturno y este a su vez en sextil con Neptuno, también formando un sextil a Mercurio, esta configuración celeste de conjunciones entre planetas personales y transpersonales aspectados armónicamente, en determinadas ocasiones producen una reacción en cadena.

A partir de 1983 el camino del tránsito de Mercurio Urano y Plutón continuaría consolidando la red hasta llegar el año 1991 donde se empieza a definir el crecimiento de internet en 3 etapas en función de los principios imperantes para cada momento.

1- La Web 1.0 caracterizada por el Broadcast, o sea la existencia de grandes emisores, en este escenario el sujeto era mayormente pasivo.

2- La Web 2.0 el usuario tiene la posibilidad de generar contenidos, por ejemplo con la llegada de la plataforma Youtube, o la publicación en blogs. Este momento fue clave en la historia dado que aquí empieza a tomar preponderancia la influencia de Urano en su tránsito por Acuario, dando lugar a un cambio radical que transformo la forma en que interpretamos lo procesos colaborativos que son en esencia la energía acuariana.

3- La Web 3.0 que se manifiesta a mediados del 2006 donde el paso de Plutón por el signo de Sagitario profundiza la evolución del big data, y Urano en su tránsito por Piscis y Aries promueven la inteligencia artificial, la geolocalización y tal vez Mercurio la web semántica.

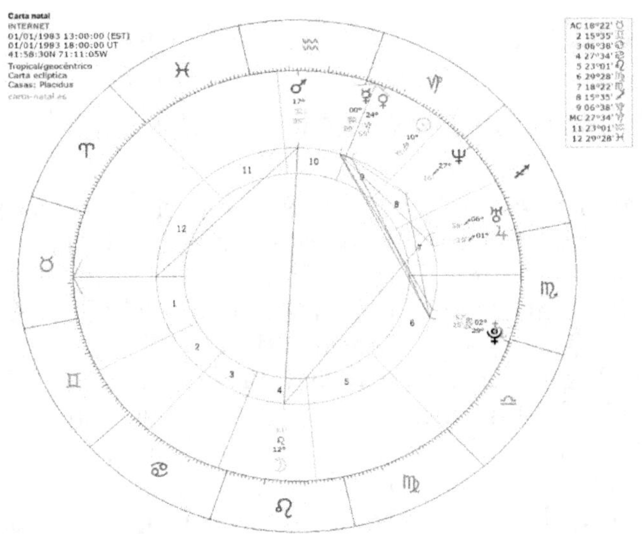

Carta natal
INTERNET
01/01/1983 13:00:00 (EST)
01/01/1983 18:00:00 UT
41:58:30N 71:11:05W
Tropical/geocéntrico
Carta eclíptica
Casas: Placidus
carta-natal.es
AC 18°22'
2 15°35'
3 06°38'
4 27°34'
5 23°01'
6 29°28'
7 18°22'
8 15°35'
9 06°38'
MC 27°34'
11 23°01'
12 29°28'

Capítulo X

El Virus es el Mensaje

El imperativo de la hora nos obliga a realizar un serio análisis acerca del escenario que dejará esta cuarentena, más allá de cualquier especulación sobre teorías conspirativas acerca del origen del covid-19 que es solo el mensaje, que esta siendo funcional en terminos conceptuales a la **operación psicologica mas grande en la historia de la humanidad,** tanto sea éste un virus de diseño con un patrón selectivo de dispersión y contagio o un proceso de depuración planetaria a escala. Este virus ha sido muy bien utilizado para montar la campaña de desinformación más grande vista a nivel mundial, y a cinco años de su montaje se empiezan a ver los hilos detrás del teatro de operaciones. Esta gran cortina de humo que sirve como elemento de distracción mientras la corporación financiera mundial empieza a recoger su cosecha del miedo, a la vez que va consolidado su objetivo estratégico principal que es la destrucción de la clase media y la estandarizacion del la pobreza, que dejará como saldo economías esclavizadas por un siglo más.

La pregunta que subyace en el inconsciente colectivo entre la mayoría de la población es "cuando terminará esto" y la respuesta más objetiva es: que esto recién empieza, quedando sujeto este paradigma a que tan rápido la población civil tome conciencia de la potencial amenaza que representa esta distopica realidad. Hay que entender que esto es un plan estratégico a largo plazo que tuvo su origen a principios del año 2001 con el objetivo de convertir a la población mundial en un campo experimental a gran escala por los próximos 100 años.

Las herramientas que están siendo utilizadas para tener más controlada y dependiente a la población son:

1- Mainstream media (los medios masivos de comunicación)

2- Inteligencia Artificial, el monitoreo por medio de los nuevos algoritmos que te llegan en paralelo con tu propio " sesgo de confirmación" o sea, la red te deja ver solo lo que te gusta y la Inteligencia artificial actúa como un catalizador decidiendo por defecto lo que nosotros podemos ver y que no conviene que veamos.

3-. Estas dos primeras no podrían hacer funcionar tan bien el engranaje si no existiera la complicidad de instituciones como la O.M.S, la corporacion farmacéutica mundial y los medios masivos de desinformación.

Estos mecanismos de infiltración forman parte de aparato de ingeniería social que tiene como objetivo primario instalar una " infoguerra " o guerra informacional, en este escenario no solo se logra desinformar sino segmentar las ideologías, dividir las iniciativas sociales, estandarizar la pobreza e imponer subliminalmente una agenda que responde a intereses corporativos globalistas.

Es por eso que se diseño para esta circunstancia, que el coronavirus sea el caballo de Troya mas efectivo para la ejecución de este plan. Tal vez los arquitectos de esta guerra de baja intensidad venian estudiando las configuraciones astrológicas hace tiempo, dado que no es accidental hacer coincidir las fechas con los ciclos de Plutón (los virus, las pandemias), para poder pisar el acelerador, como no es casual que se haya decretado el confinamiento, un término de corte militar, muy relacionado a Saturno (el sistema, las restricciones, el confinamiento social), justo para el comienzo del año astrologico 20 de Marzo a los 0 grados de Aries, muy probable para sentar este precedente y tener a la mayoria de la población encarcelada voluntariamente todo el año.

Júpiter en todo este escenario juega un papel potenciador y viene a representar entre otras cuestiones, un cambio de paradigma filosofico para estos tiempos, ya que simboliza el conocimiento formativo superior y tal vez sea nuestra puerta de escape a este delirio.

Para 2020 se suman a esta operación de manipulacion psicológica social, encabezado por una serie de eclipses sumamente disruptivos en el plano telúrico, dos en el mes de Junio, Lunar y Solar respectivamente y el tercero, eclipse Lunar el 5 de Julio, que vienen a simbolizar la oportunidad de terminar con un ciclo y comenzar con otro energéticamente distinto, siendo la oportunidad que se nos otorga como sociedad para terminar de desmantelar esta operación, y empezar a diagramar juntos un nuevo paradigma. Todo esto se precipita en el contexto de una fuertísima triple conjunción de Júpiter, Saturno y Plutón en Capricornio que junto con la Luna estará en oposición al Sol y Mercurio (la Comunicación, que estará en cortocircuito), sumándose al concierto Marte, exaltado en su domicilio de regencia Aries en cuadratura con mercurio (errores de diagnóstico, enfrentamientos belicos, riesgo de campañas de difamación), o sea que con marte involucrado en diversas cuadraturas, podriamos tener un cuarto trimestre con una escala de violencia, represión y manifestaciones sociales a nivel global.

En otra dimensión mucho más profunda estará Neptuno, con constantes engaños, (fake news), en sextil a Plutón representando en este caso al poder, este aspecto huele a una sutil manipulación del ejercicio del poder. Claros ejemplos a escala mundial fueron el nacismo, hasta centenares de casos de corrupción en todos los países y partidos políticos. Robar (Plutón) como si nada (Neptuno), este interpretación es conceptual y dejamos muy claro que son solo ejemplos. La clave para trascender esta energía es poner este sextil al servicio de los intereses colectivos y no de los intereses mezquinos e individuales de los políticos.

En una configuración simbólica Capriconio es el signo que representa al estado profundo, que te está espiando, monitoreando, pero silenciosamente (Neptuno), desde tus dispositivos, los smartphones que te están grabando permanentemente (Mercurio). El estado se encuentra siempre ejerciendo el monopolio de la fuerza y el control, diciendote cuando podes salir, o cuando no, exigiendote paguar los impuestos, que solo él puede administrar y los servicios, que solo él te puede proveer, porque si no te quedas fuera del Sistema (Saturno). Interpretativamente este sextil de Neptuno con Plutón simboliza a la Matrix en su estado más puro, de la que a menudo tratamos de escapar o intentamos despertar, y el covid-19 es el virus que se inyecta en el sistema para poder resetear a este, sin que la población se percate de la maniobra, creando así, una distracción para imponer una agenda que responde a un orden corporativo transnacional instalado de manera premeditada.

Para poder comprender los aspectos generacionales hay que tener en cuenta que cuando dos planetas lentos forman un aspecto durante un largo tiempo, su energía se fusiona durante muchos años de tal forma que marcan una o varias generaciones con un matiz específico.

Sintéticamente, como Marshalll McLuhan acuñó la frase "el medio es el mensaje" que en este extracto se ve reflejada, es la forma que un medio se incrusta en cualquier mensaje que transmita o transporte creando una relación simbiótica en la que el medio influye en cómo se percibe el mensaje.

Los probables escenarios post pandemia

La entrada del Covid-19 al teatro de operaciones, deja expuestas las debilidades del sistema, que todavía "no puede"encontrar una solución al avance de esta "pandemia".

Existen muchas especulaciones acerca del origen del Covid-19 y estas abren muchos interrogantes mas allá de las crisis social sanitaria y económica que va a provocar su consecuencia directa que es la declaracion de las cuarentenas, en este sentido, muchos nos hacemos la siguiente pregunta: ¿Quien se beneficia y quien se perjudica en la post-pandemia? , una hipótesis en respuesta a este interrogante, la dio a conocer el famoso Lingüista, Filósofo y Físico estadounidense Noam Chomsky, quién desde su sesgo ideológico y análisis subjetivo, afirma:

1) USA necesitaba imperiosamente parar y retrasar la locomotora china, para no perder su supremacía mundial económica y su papel de gendarme planetario.

2) La CIA, Bildeberg, Israel y demás poderes mundiales, acuerdan hacer estallar una guerra bacteriológica de baja intensidad, propagando en territorio chino, un virus de laboratorio, el COVID19.

3) Guerra de baja intensidad porque el virus no afecta a los niños y jóvenes (mano de obra futura) y en cambio se ceba con las personas mayores (mano de obra inactiva).

4) La estrategia USA pasa por propagar el virus en la ciudad donde el gobierno chino tiene un laboratorio de investigación bacteriológica del coronavirus, sars, mers y

ébola. Así tiene la coartada perfecta para echar la culpa al gobierno chino sobre la hipótesis de un escape o accidente fortuito.

5) La estrategia USA pasa por expandir el virus en el mes de enero, Año Nuevo chino para producir una parálisis total, al haber millones de desplazamientos y que afectarán a todos los sectores de la sociedad china.

6) La estrategia USA en una primera fase pasa por tener a raya a varios enemigos de la Administración Trump, y así el siguiente país infectado de importancia es Irán, soltando el virus letal para ser obligado a paralizar su economia, sociedad y posible respuesta de sus fuerzas armadas, sobre todo ante el riesgo militar que pueda implementar contra Israel.

7) El siguiente enemigo afectado de importancia es Europa, siempre muy hostil a Trump y a sus recetas económicas proteccionistas. Para ello inoculan el virus en la región de Lombardía (Italia) donde gobierna la Liga Norte de Salvini. Recordando que Salvini es un traidor a ojos de la inteligencia americana por apoyar a Putin en todos los foros internacionales y verse implicado en sobornos rusos. Ya parecía resultar extraño la dispersión del virus en una región rural de la Italia profunda. Pero la venganza se sirve en plato bien frío y Salvini no fué siquiera recibido por Trump en su gira americana. Relaciones congeladas y bien distantes.

También Italia es escogida cómo país receptor del virus, por entablar excelentes relaciones comerciales con China en una Nueva Ruta de la Seda. La inteligencia americana sabe que después de Italia, la Unión Europea sufrirá un colapso económico global al verse paralizadas sus economias nacionales en su lucha contra el virus. El esfuerzo titánico de Europa ante ésta amenaza bacteriológica dará lugar a una debilidad frontal europea ante el Brexit británico, beneficiando al primer ministro

Johnson el gran aliado inglés de la Administración TRUMP.

8) Una vez consumida la Pandemia paralizadora del planeta, llegará la segunda fase. Control total de la guerra bacteriológica al poseer desde el primer momento la VACUNA GLOBAL del Covid19 desde su producción en laboratorios americanos. Luego de la dispersión y caos sanitario mundial, llegará el orden capitalista nuevamente, así reseteadas las economias nacionales, el nuevo valor en alza se llamará industria química USA, que a su antojo venderá patentes a paises amigos y al CONTRARIO, bloqueo farmaceútico a paises enemigos, debilitándolos aún más, si cabe o presionando a gobiernos hostiles a cambio de las vacunas salvadoras.

9) Tercera fase: Implementación del Nuevo Orden Mundial con el cambio de las relaciones entre paises: - Desaparición de la Unión Europea. – Desaparición de enemigos potenciales cómo Iran, Corea del Norte, Venezuela, etc. -Debilitamiento de China continental y Rusia. – – – Nuevo patio trasero: USA en Latinoamérica. - Globalización planetaria alrededor de la nueva USA y su poder omnímodo.(Parrini, 2020)

Si bien el analisis de Chomsky tiene mucha carga ideológica, esta plagado de contradicciones dado que primero habla de poderes mundiales que son en si mismo el Estado Profundo y luego adjudica como parte de una conspiracion el Presidente Donald Trump, lo cierto es que su hipótesis no se esta cumpliendo porque tanto Trump, el pueblo y la economia norteamericana son los principales damnificados hasta el momento.

Pero mi análisis se circunscribe al campo de la lógica conceptual, para ello necesito elaborar una antitesis que profundice acerca del origen y propósito para este escenario global, y estos son elementos medulares que

Chomsky en su análisis omite mencionar. Puede sostenerse la hipótesis de que simplemente sea una "pandemia", o en terminos conceptuales podememos definirla como una " operación psicologica a escala global ", porque esta crisis no es solo un acontecimiento aislado o cirscuntancial si no que es el reflejo de un programa de ingenieria social de varias fases que viene planeandose hace dos décadas, teniendo como idea suprema la centralizacion total del poder como la conclusion de la siguiente fase evolutiva. Este es un plan que tiene sus propios objetivos estratégicos como distintas etapas de ejecución, que podriamos enumerar en los siguientes tópicos.

1- El nuevo orden mundial no es solamente un grupo, es una ideología que ha sido explicitamente articulada por el Estado Profundo que componen las elites financieras como el Consejo de relaciones exteriores, el Pentágono, la Cia, la Otan la Oms el Fmi, el Banco Mundial, la Open Society, el Club Bilderberg junto con sus trincheras mediáticas e instituciones satelites como fundaciones transnacionales, y una enorme red de sociedades.

2- Para poder implementar esta ideologia deben cambiar nuestras creencias y nuestros valores y sobre todo la forma que tenemos de interactuar entre nosostros, para ello necesitan plantear una agenda con una nueva revolución cultural mediante la normalizacion lenta pero constante de las ideas y prácticas en la cultura popular (la naturalización de la perversión y la distorsión psicobiológica de la concepción humana), de modo tal, que con el tiempo las cosas que eran inaceptables se vuelven normales en el dia a dia.

3- La metodologia de implementacion utilizadas son las mismas que describia Orwel, quien sostenia que, el totalitarismo requiere que la sociedad sea enclaustrada en un conflicto permanente para que la paz sea la guerra y la guerra la paz, este conflicto prefabricado y permanente, se va convertiendo en parte de nuestras vidas y a medida que se extienda a lo largo del tiempo, se irá asimilando como una situacion normal. Nunca antes el sistema habia tenido tantos seres humanos asinados dependiendo de que el mismo sistema que fue quien creó el problema, ahora como por arte de magia se convierta en la solución.

4- Instalar la confusion acerca de nuestra propia identidad como seres libres (la deshumanización), que es quizas el mejor ejemplo de esto, el de una sociedad sin valores, que nunca podrá ser una sociedad libre, sino que se convierte en un rebaño.

5- La digitalizacion del valor sera la mas herramienta mas eficaz de control social, para ello a finales de 2021 los bancos centrales terminarán de presentar las monedas virtuales y el dinero físico ira desapareciendo rapidamente, que es el unico elemento que nos permitia tener una relativa libertad económica, si los seres humanos no tenemos la libertad de poder comerciar entre nosotros sin el permiso del gobierno entonces la aprobacion de las transacciones incluso, la compra de los alimentos, estaran sujetas a la aprobacion de un gobierno titere inhumano y explotador, llegado ese momento será la culminacion de la primera fase de control totalitario del Nuevo Orden Mundial.

6- Este será un mundo pequeño de personas, que dominarán a una sociedad orwelliana de alta tecnología, esteril y controlada, que venerara este tipo de vigilancia total, por consecuencia directa a la mayor enfermedad que existe en la actualidad (El Miedo).

7- El miedo ha sido la principal táctica utilizada por el nuevo orden mundial para influir en la psicologia social en todos los niveles, ellos nos vienen estudiando hace mucho tiempo, sabiendo que lo mas importante para toda la población ha sido la salud, es por eso que diseñaron esta operación psicologica para deshumanizarnos y sumergirnos en el miedo constante. Esta tipo de operación no se habia podido llevar a cabo si no fuera totalmente coordinada y de magnitudes globales, capaz de mermar psicologicamente a la población humana.

8- Jamás nadie se hubiera imaginado un evento de estas magnitudes, esa es el arma principal de este programa de ingenieria social, (el elemento sorpresa) ya que la población queda tan shockeada que no puede despertar del asombro, de hecho la gente ya esta actuando como si esto fuera parte de una normalidad que es lo que quiere el nuevo orden.

9- Los medios masivos de comunicación y la asamblea general de las naciones unidas con su vieja agenda 21 y la nueva 2030, son parte del sistema financiados por el Estado Profundo, se han ido ajustando a la narrativa oficial siendo complices de que un grupo de personas tomen las decisiones por nosotros mismos.

10-   Llegando a tal punto comenzaremos a naturalizar que nuestra comida sea literalmente veneno, llena de aditivos artificiales como conservantes, derivados del petróleo y fumigada con agroquimicos. Tambien hemos naturalizado que "Nuestra Agua" lleve fluor, y nos este alertargando lentamente, a la vez vemos que pronto el 5G será instalado en todos los paises. Dichas tecnologias no han sido probadas antes de su lanzamiento sin saber que consecuencias nocivas que pueden tener para nuestra salud, no es una realidad distópica muy distinta al de la pelicula Matrix, porque el sistema se nutre de nosotros a la vez que sin nosotros no es nada, simplemete no podria existir, de hecho el sistema se nutre de nuestros miedos y sabe muy bien cuales son nuestras debilidades. También hemos naturalizado que solo 6 companias controlen todo lo que vemos en todos los medios de comunicación globalmente,

11- Somos una especie actualmente en peligro, en nuetro afán consumista nos han sumido en el miedo constante, este sistema tiene por objetivo dividirnos para conquistarnos en todos los ámbitos, en pensamientos de izquierda o de derecha, comunista, nacionalista, vacunado, no vacunado, desarrollado o emergente, feministas o machistas, pañuelos verdes o pañuelos azules.

12- La ultima fase de este plan consiste en el establecimiento de un gobierno único mundial con estados satélites y títeres, con un estado policial militarizado y totalitario como se esta viendo actualmente, donde todo la población esta bajo un regimen de control y dependencia absoluta del estado en todos los ámbitos, en este contexto la sociedad perderia las libertades individuales, ya que no estarián permitidas las voces disidentes, cuestión que ya se puede ver hoy dia mediante la censura a la que están siendo sometidos los canales alternativos de comunicación en las redes sociales como youtube y facebook.

Este análisis dejará de ser una simple hipótesis a medida que esta realidad distópica y delirante se imponga y la población la convalide. Si bien es una visión suplementaria al escenario que Chomscky plantéa, no intenta invalidar su teoria que tiene una narrativa mas acorde con lo que sucedió en la guerra fría, pero tampoco es una lectura subjetiva, apocaliptica o conspiranoica de este experimento social mal llamado " pandemia". Es objetivamente lo que viene pasando, es taxativamente la percepción más objetiva de la realidad, que mucha gente no puede ni quiere ver, por estar sumergidas en una campaña masiva de desinformación (infodemia), promovida por los medios egemónicos de comunicación o distorción de la realidad.

EL NEGOCIO DE LA MUERTE

A lo largo de los años las Corporaciones Farmacéuticas a nivel global tuvieron un crecimiento exponencial en función de una lógica sumamente perversa, hacer de las enfermedades crónicas un negocio, dado que la demanda de este sistema de salud se multiplica y es mucho mas rentable en función a que, en un segmento de tiempo muy bien programado, un indice de población determinado tenga cada vez más enfermedades crónicas y cada año a edades mas tempranas. Una vez que sucede esto las corporaciones concentran más su poder de lobby para comprar voluntades en la industria de la medicina, este proceso culmina cuando estas se convierten en organizaciones mafiosas, a tal punto que en la actualidad se han convertido en un gobierno mundial paraestatal, con tanto poder, como para financiar a una institucion conducida por un puñado de mercenarios como la Organización mundial de la salud, una coorporación siniestra, donde trabaja denostadamente un reducto de criminales. A estos sociópatas lo que menos les importa es el bienestar de la población, sino que velan por sus intereses económicos en detrimento de la salud de la población, razón por la cual ha perdido toda credibilidad, por todas sus propias contradicciones historicas, es un delito de lesa humanidad que los estados nación hayan permitido que una institución como esta, pueda haber decretado a nivel global una dictadura sanitaria.

Pero lo que no previeron estas organizaciones delictivas, es que bajo la figura militar del confinamiento o aislamiento la poblacion mundial tuviera mucho más tiempo para decodificar esta maniobra, que es tan burda como desesperada, que al final de cuentas la gente empezó a ver los hilos detrás de la cortina de humo y la narrativa que quisieron instalar. En esta etapa el 40 % de la población entendió que los principales beneficiarios de las cuarentenas interminables serían los laboratorios fabricantes de vacunas en tiempo record, por no haber pasado todas las fases de bioseguridad. Lo más curioso y contradictorio es que el año pasado murieron 60 millones de personas en el mundo y 30 mil en la Argentina a causa de enfermedades respiratorias y neumonias, sin embargo la OMS no decretó ninguna pandemia. Si observamos la web oficial del ministerio de salud Argentina, la estadistica publicada de fallecimientos por enfermedades respiratorias para 2015 fué de 59.214 personas.

Una de las revistas mas prestigiosa del mundo en medicina Lancet, publicó un paper con una rigurosa investigación donde concluye que las cuarentenas estrictas sujetas a confinamientos por covid19 fueron un total y absoluto fracaso, y no tienen un respaldo científico. En el mismo sentido, el bioquimico estadounidense ganador del premio nobel Kary Banks Mullis, inventor de los test "PCR", se ha manifestado mucho tiempo antes de su muerte, cuando afirma "el pcr no sirve para medir cargas virales" "La fiabilidad de los test pcr es nula, se estan dando miles de positvivos que no son ciertos" , añadiendo que los asintomáticos no existen y que es solo una palabra inventada para justificar que dan positivo sin síntomas. Para cerrar su manifestación afirma: "Es una vergüenza que se estén usando para eso". Posteriormente a esto hay muchisimos entrevistas a Mullis donde afirmaba categoricamente que estos test realizan una identificación cualitativa pero no cuantitativa del virus, por eso un "PCR" cuantitativo seria una contradicción en si misma.

En otra oportunidad dijo; "aunque existe una impresión errónea de que las pruebas de carga viral cuentan la **cantidad de virus** en la sangre, **esta pruebas no pueden detectar virus infecciosos libres en absoluto"**.

En la actualidad numerosos cientificos afirman que estos test no sirven para medir cargas virales porque lo que detecta es un fragmento del material genetico de cualquier patógeno o cualquier otro microorganismo no solo coronavirus, es decir lo que los virólogos denominan exosoma, y esto lo dejo plasmado en un libro que publicó el virologo Steven Lanka, en un congreso realizado en Colombia donde dijo a viva voz que habría renunciado al Nobel si hubiera sabido el uso que se le iba a dar a su invento.

En síntesis, el caso es que el test PCR puede dar positivo por cualquier patógeno o virus, entonces la única prueba que puede certificar feacientemente un contagio de covid positivo son las micrografias electrónicas que certifiquen la existencia de este. Pero la vergüenza mas grande fue cuando el gobierno chino da la primera noticia del inicio de una "terrible pandemia" diciendo que habia tenido 3300 muertes por coronavirus, y solo presento 3 micrografias para 1,3 millones de habitantes, algo muy lamentable porque la China comunista tiene historicamente un indice registrado de 300.000 muertes por enfermedades respiratorias por año. Por supuesto que en la Argentina no existe la posibilidad de acompañar los test con las micrografias electrónicas.

Podemos mencionar otro disparate como las múltiples contradicciones de la OMS cuando el 20 de Junio una de sus voceros la Dr. Maria Van Kerkove, jefa de la unidad de zoonosis y enfermedades emergentes, manifestó públicamente que la propagación asintomática es una "cuestion muy compleja" y que todavia se desconoce mucho al respecto". En realidad no tenemos respuesta" dijo. No es un delirio declarar una Pandemia a nivel global con semejante nivel de desconocimiento e impericia o simplemente constituye un delito de lesa humanidad?

Recordemos que estos mismos personajes fueron quienes a finales de los años 80 en pleno estallido del HIV, decián que los homosexuales eran personas enfermas.

No es un problema de regulación del mercado de la salud, es un dilema ético y constituye una inmoralidad dejar a Drácula el cuidado de un banco de sangre. A que punto hemos llegado que dejamos que una Corporacion como la OMS que se creó a base de convenciones e interéses de companias farmaceuticas multinacionales pueda tener a cargo la decisión de declarar una pandemia encerrando a 8000 millones de habitantes, decidiendo quien vive y quien muere y confinar a todo la poblacion mundial con medidas normas y regulaciones sin respaldo cientifico alguno.

El gran desafío radica en redefinir cómo "el mercado de la salud" pueda transformarse de una institución concebida para curar enfermos a una para prevenir enfermedades.

"El problema de la salud es de índole moral, está no es un bien negociable"

¿Fin de la Globalización?

Venimos de un mundo unipolar y vamos en dirección hacia uno multipolar, donde quedan totalmente expuestas las debilidades de un modelo que está colapsando abruptamente, sin tener un modelo sustentable que pueda remplazarlo. Sus debilidades quedan expuestas ante una crisis autogenerada desde adentro del mismo sistema, con el objetivo de sobrevivir (Resetearse). Estamos en el medio de la tormenta y solo sobrevivirán aquellos que se puedan adaptar a este corto período transindustrial que tomará solo cinco años de transición. No hay ninguna certeza si esta nueva configuración tomaría un rumbo definitivo hacia una economía más libre, sustentable, cooperativa e inclusiva, o una sociedad más controlada, manipulada y llena de regulaciones impuestas por una dictadura electrónica sanitaria, depende de nuestra acción o inacción ante los nuevos "desafíos" que nos plantea la adversidad. La actitud que adoptemos como sociedad, determinará en qué mundo terminemos. Lo que si podemos afirmar es que inexorablemente el común denominador de estos dos modelos será, el factor tecnológico, y veremos emerger de este, a el primer tecnoparadigma para este nuevo ciclo que será... "La digitalización del valor ".

Los Errores estratégicos de Washington
La impericia estratégica de no cuantificar entre dos magnitudes (China 1200 millones de habitantes, USA 300 millones) fue de un desconocimiento absoluto de las variables y modelos matemáticos que indicaban un crecimiento exponencial de los países con mayor cantidad de población, mano de obra pseudoesclava, y mayor capacidad productiva instalada, que tuvieron como consecuencia directa el crecimiento sostenido que finalmente se convertiría en desarrollo.

Del otro lado de la ecuación los números pasaban multiplicando y no igualando. Pero la política económica globalista y la industria armamentista casi siempre creo normas y reglamentaciones mirando solo el beneficio inmediato de sus intereses particulares sin tener en cuenta los objetivos globales estratégicos.

.La única estrategia que en el mediano plazo fue relativamente exitosa, fue la de impulsar el desarrollo de una matriz productiva industrial en Japón después de la segunda guerra mundial, solo con el objetivo de crear un bloqueo económico a la ex Unión Soviética, este plan fue funcional a corto plazo, no así sustentable en el largo plazo.

La evidencia histórica demuestra que "Los imperios caen por sus propias contradicciones ", por eso Roma gana militarmente pero Grecia en el mediano y largo plazo prevalece por su legado Cultural, Científico y Filosófico.

Existen muchos otros elementos que no fueron contemplados en esta guerra no convencional, uno de ellos es la historia y la filosofía de las culturas orientales, y otro la capacidad de adaptación ante los cambios disruptivos, sean guerras, crisis sanitarias o un nuevo cambio de paradigma sociocultural. China tiene dos corrientes filosóficas muy importantes como el Confucianismo y el Taoísmo, dos premisas culturales que tienen muy poco que ver con su actual configuración social. Uno de los rasgos evolutivos que han quedado en su sociedad moderna después de estos últimos 6 milenios, se ve plasmado en la capacidad de readaptarse ante los cambios de paradigmas, y esta capacidad representa un significativo valor agregado que subyace en el seno de esta cultura. Si analizamos todo este contexto desde la filosofía Taoísta , para los ciudadanos chinos su mayor fortaleza los convirtió en victimas de su peor debilidad, que es haberse subyugado a un sistema, donde 1300 millones de habitantes son sometidos 24 horas al día. los 365 días del año, a coexistir en un gigantesco campo experimental de esclavitud pseudoconcensuada, donde reina un control absoluto, dado que cada ciudadano es monitoreado en milisegundos por medio controles biométricos, inteligencia artificial, y todas sus redes sociales son propiedad del partido comunista chino.

Pero si nos reducimos solo al análisis del crecimiento económico, este submundo tecnológico y distópico ha sido muy funcional al gigante asiático, ellos comenzaron ensamblando juguetes y luego de dos décadas se convirtieron en la fábrica del planeta, su capacidad industrial instalada les permite construir una casa en 24 horas con dos gigantescas impresoras 3D, estar a la vanguardia en la tecnología 5G, competir en la carrera espacial en condiciones de supremacía tecnológica en relación a sus pares.

Su política exterior está basada filosóficamente en construir vínculos y no imponer su agenda política, (solo por ahora), a sus aliados estratégicos. Desde 2014 Rusia y China están lentamente saliendo del patrón de dinero ficticio sin respaldo y sortear la imposición del " petrodólar ", y para ello estos últimos 6 años han acumulado grandes reservas de Oro, con dos objetivos estratégicos medulares, uno respaldar sus monedas para poder realizar sus intercambios comerciales en moneda local y otro para salir del sistema internacional de pagos swift que administra Bélgica pero controla EE.UU, esto les permitirá en el mediano plazo evadir las sanciones comerciales que podrían tener por venderles petróleo a la Unión Europea y recibir Euros por esas transacción en vez de dólares.

Actualmente estamos en un escenario geopolítico multipolar en un marco de inestabilidad, los cambios son tan disruptivos que a diario toman una dinámica impredecible, en este contexto el orden de prioridades esta subvertido, Londres, Pekín y Moscú están en el medio de una disputa para ver quien impone primero su "vacuna". Los gobiernos que financian a los laboratorios con impuestos de sus contribuyentes van a aprobar una vacuna con efectos Genotóxicos (como mínimo). La desesperación de las corporaciones farmacéuticas es tal ante la amenaza de la inmunidad de rebaño, que para fines de Diciembre estiman aprobar su producción masiva y administración en la Argentina, con el potencial riesgo que significa no tener los 5 a 10 años las fases de bioseguridad,que los supuestos protocolos indican. ¿Será que la coorporación farmacéutica mundial están sumamente preocupada por la salud de la población mundial?.

Toda esta información nos sirve para efectuar un análisis cualitativo de esta "Pandemia", dado que anteriormente mencionamos que parecería que el covid19 tiene un patrón selectivo de contagio, si es que realmente existe un covid19, o varias cepas de coronavirus, en virtud tanto del índice de muertes como la de su agresividad. Lo curioso de todo esto es que los patrones de contagio son muy distintos en países como Italia España, EE.UU, Ecuador, Bolivia y Brasil, países cuyos presidentes no están alineados a la agenda globalista, y por último Francia México y Argentina, tres países donde la agresividad del virus es muy distinta a lo que se vió en la ciudad de Guayaquil donde las personas se morían súbitamente por decenas de miles en las calles. En este sentido muchos científicos especialistas en inmunología y epidemiologia que no comulgan con la narrativa de la OMS, han observado que ningún virus puede mutar por el hecho de pasar la frontera entre Bolivia y Argentina, a menos que distintos virus hayan sido inoculados previamente en alguna campaña de vacunación del año 2019 en cada región con un objetivo estratégico distinto.

La pregunta que dejamos abierta es la siguiente: ¿Qué clase de familia dejaría administrar una vacuna a sus hijos, teniendo en cuenta que la persona que las promueve y financia, es un personaje como Bill Gates, quien se define abiertamente como filántropo eugenésico e impulsor de una agenda pro reducción mundial de la población?

Parte de esta narrativa nos invita al menos a repensar la relación que tenemos con el planeta y nuestra interacción con él, es evidente que estamos destruyendo al planeta solo para que el 1% de la población mundial se lleve el 99 % de los recursos, nunca nos planteamos porque, en plena era digital el mundo tiene tantos avances científicos como recursos tecnológicos y sin embargo tenemos cada vez más conflictos y esto es porque se han perdido los valores humanos, la dignidad humana, y nos hemos enfocado solo en el crecimiento económico, los negocios con un sistema basado en la competencia y el consumo, y finalmente terminamos siendo tan competitivos que miren donde terminamos, ante el primer fenómeno sanitario a escala, colapsa todo un sistema, que estuvo basado solo en una cultura dinerocrática, cuando un modelo debería estar centrado en la dimensión humana y la sustentabilidad del planeta.

Esta educación errónea ha llevado a que gran parte de los esfuerzos científicos hayan sido concebidos con una visión reduccionista del ser humano, ubicando a este en una especie de pirámide de supervivencia sin darle importancia a su homólogo, utilizando como plataforma de educación social, la doctrina del miedo, promovida por un discurso mediocre e individualista, solo con el estímulo de estudiar para conseguir un estatus académico y luego ganarse la vida, para poder ser alguien en ella.

Desgraciadamente la mayoría de nuestros países están conducidos con esta misma lógica, y esta no ha traído más que resultados catastróficos en el orden económico, social y cultural.

Los ganadores post crisis

Más allá de toda teoría conspirativa, los ganadores de siempre, en medio de esta crisis del modelo, serán los intereses corporativos de las más altas esferas, los laboratorios que manipulan virus de diseño y la industria farmacéutica en su conjunto, que fueron y serán los grandes promotores y diseñadores de este experimento de ingeniería social para controlar y esclavizar a la población mundial.

Ya no es un secreto de estado, que todas estas organizaciones multiplican sus patrimonios en tiempos de caos colectivo, con esta misma metodología fue que operaron en la segunda guerra mundial.

Estaban sentados de los dos lados del mostrador, financiando por un lado al Tercer Reich y por otro a los aliados, aguardando silenciosamente en sus bunkers que la economía a escala global se derrumbe, para luego adquirir las empresas y los recursos de los países desbastados a precio de remate. Una táctica vieja pero muy efectiva, que se volverá a implementar entre finales de 2020 y principios de 2021 en Latino América.

Analizando este gran mentira organizada desde una perspectiva meramente astrológica y siguiendo la trayectoria de los ciclos planetarios, podemos decir que el tránsito de Plutón por el signo de Capricornio en sinérgia con el de Urano en Tauro harán que estos procesos se lleven a un límite insostenible hasta que una masa crítica en la sociedad despierte y entienda que está siendo víctima de una manipulación social. Esta desencadenara en un estallido social con características anárquicas, porque la naturaleza de Urano es revolucionaria y disruptiva (no se subordina a ninguna regla ni responde a normas prestablecidas). También los tránsitos en estos signos son para el caso de Plutón, transformadores, sobre todo para los poderes fácticos preestablecidos, el Deep State.

Para que todos estos procesos puedan traer cambios visibles es necesario que los individuos tomen conciencia que no puede seguir delegando la administración de su vida a manos de instituciones que a lo largo de la historia nunca represento sus intereses.

Urano como Plutón utiliza cualquier recurso para ejercer su influencia, sobre todo aquellos que siguen patrones transformadores, abruptos, disruptivos y revolucionarios. Estos pueden ser desde cambios climáticos repentinos, hasta provocar centenares de terremotos como los que ocurrieron el 12 de Enero de 2020 en la triple conjunción de Saturno Plutón y Júpiter en Capricornio que activaron y sacudieron todo el cinturón de fuego del Pacifico y la isla de Puerto Rico.

Este último fenómeno fue detalladamente estudiado y luego anticipado en un informe que efectué desde las redes sociales, en donde expongo los fundamentos astrocartográficos precedentes al día 5 de Enero de 2020, anticipando 7 días el movimiento telúrico.

Los tránsitos de Urano a lo largo de la historia están asociados a la Revolución Francesa, la Revolución Industrial, el gran cambio que a finales del siglo XVII se produce cuando el hombre cambia las estructuras sociales, el feudalismo y el vasallaje terminan. Quedan abolidas las diferencias de clases y se proclama la igualdad entre los hombres. Urano rompe con todas la reglas preestablecidas, no acepta condicionamientos del sistema. Recordemos los dos estallidos sociales repentinos en 2019, los Chalecos amarillos en Francia, el inesperado estallido social en Chile donde el pueblo sale a las calles espontáneamente rechazando los ajustes económicos del establishment. Es curioso observar como en los últimos 30 años el pueblo Chileno venía sometido a ajustes brutales, sin embargo nunca se había producido un estallido social de esta magnitud y características.

En simultáneo tuvo lugar el golpe de Estado en Bolivia y todos estos tuvieron un común denominador, tomaron lugar en el periodo de transición que Urano toma impulso para ponerse directo en el signo de Tauro. Pero la estabilidad y el sentido de permanencia Taurinos chocan con el impronta disruptiva y la necesidad de dejar atrás los andamiajes medievales que Urano tiene, esto implica por un lado que habrá mucha resistencia, pero por otro, que los cambios tendrán resultados permanentes.

Desde un enfoque psicológico Urano es un planeta transpersonal o sea que trae procesos que transcienden la habitual sensación de identidad, permitiendo experimentar una realidad mayor y más significativa. En el plano físico tiene una influencia eléctrica y es su dominio es el desarrollo de la tecnología, las comunicaciones, la internet, las redes sociales, los satélites, los ordenadores y la energía atómica, con estos antecedentes REVOLUCIONARIOS, creo que ya nadie puede negar que en estos últimos 72 años la tecnología tuvo un crecimiento cuantitativo con la entrada de Urano en la constelación de Acuario.

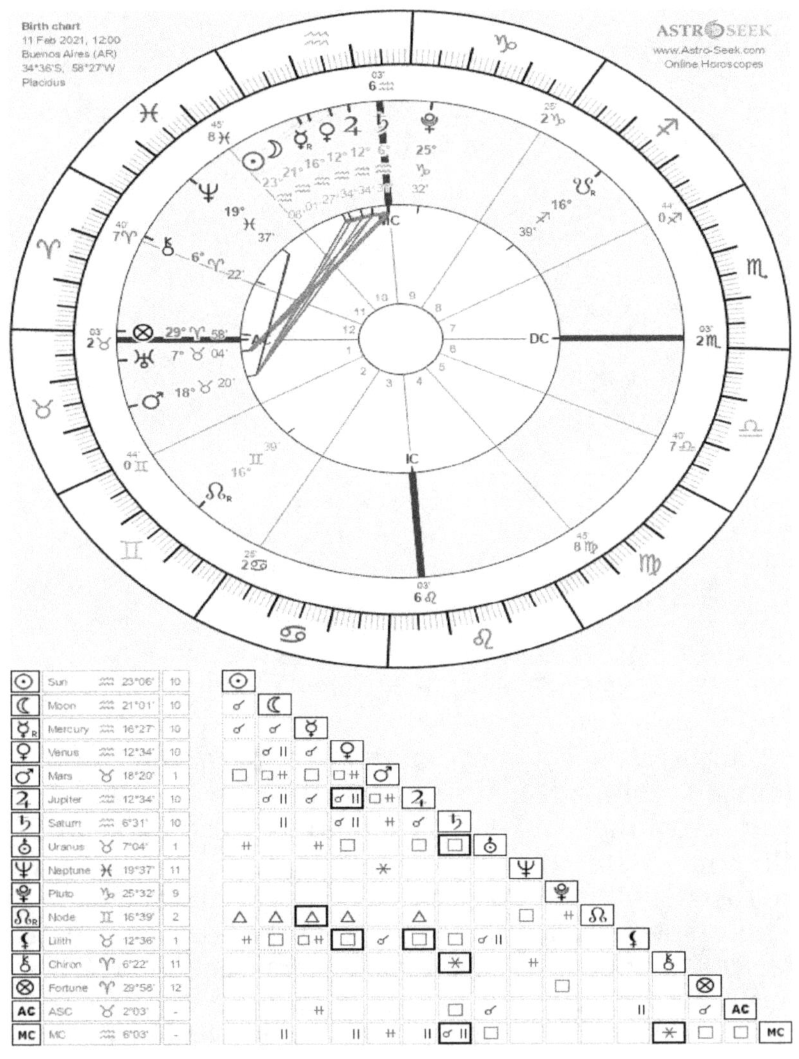

11 de Febrero de 2021
DIA DEL COLAPSO DEL MODELO

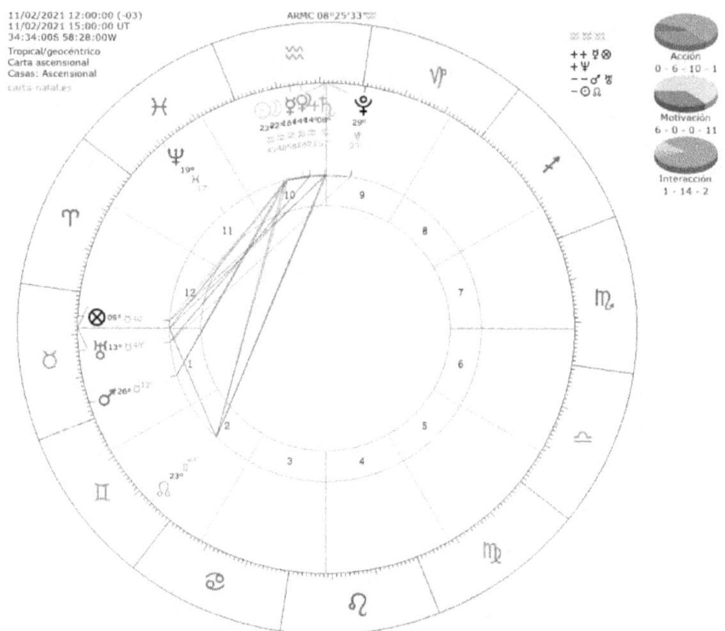

CARTA ASCENCIONAL PARA 11 DE FEBRERO 2021

Habría que ser muy cuidadoso para interpretar el significado de los tránsitos que se pueden ver en la figura 10, y créanme, no lo he titulado así simbólicamente, dado que este escenario astrológico es sumamente peligroso. Si alguien cree que vivió un estallido en su vida, bueno, esperen a ver este, y no quiero ser alarmista ni catastrófico, pero no se puede esperar nada armónico al interpretar la condensación energética adyacente al tránsito de Urano ya directo desde mediados de Enero como dominante del ascendente, sin dudas que estamos ante el momento más delicado del año, dado que la intensidad de la cuadratura que ejerce Marte y Urano no tiene precedente, porque es con un gigantesco stellium de 6 planetas, donde Saturno se encuentra partil en el medio cielo y es el que va marcando el ritmo, lo puedo interpretar al maestro dejando una gran enseñanza, en este contexto podemos esperar cualquier tipo de fenómeno a escala planetaria en el plano telúrico, un mega estallido social o una escenario bélico en fase 5.

En esta misma dirección la convergencia de Urano y Marte en casa II le brinda valor a lo material según la libertad e independencia junto a la necesidad marciana inmediata e imperiosa que le proporciona a esta circunstancia un matiz más explosivo. Mirándolo desde la óptica conceptual, el aspecto formativo que representa la cuadratura también se puede traducir en un gran fusión de energías del plano material e individual proyectado hacia un gran despertar de conciencia colectivo simbolizado por esta condensación estelar en casa X.

Teniendo en cuenta que durante esa semana estaremos atravesando el novilunio, sin dudas es un punto de inflexión, el fin de un proceso y el comienzo de otro que sucede en sincronía con el 12 de febrero donde comienza el año del Buey de metal en el calendario chino.

Es muy probable que pasen cientos de años para que se pueda repetir una configuración planetaria de esta naturaleza, podemos decir que este momento será como la culminación de un proceso de tensiones que se inicia a mediados de Enero de 2021 cuando Urano se ponga directo. La convergencia de 6 planetas en Acuario, el Sol, Mercurio, Venus, Júpiter, la Luna y Saturno, forman un gigantesco Stellium en casa 9, esta concentración se da para esta carta eclíptica, pero en la carta ascensional, o sea donde los planetas se proyectan sobre el ecuador celeste, Plutón se proyecta en el 1° grado de Acuario se lo considera en cúspide, para el caso del Sol a los 22° a solo 2° del medio cielo está casi en cúspide y dominante del medio cielo. Por otro lado, Marte se está situado a 3° del Ascendente lugar donde se encuentra en su máximo exponente, dado que actúa en sinergia con Urano. En consecuencia es muy amplia la interpretación que podemos darle al evento, pero lo que si jugara un papel decisivo para este momento es el estado de conciencia de la población a nivel planetario, quiero decir que si llegado este momento un masa crítica de personas todavía no ha despertado, la naturaleza lo hará por ellos, ya que la intensidad de estos aspectos puede desencadenar desde una gran catástrofe natural, hasta un estallido social a nivel mundial en contra del orden preestablecido, teniendo muy en cuenta que si este último sucede primero y enterramos para siempre este "Viejo Orden Mundial", lo primero no debería de ocurrir necesariamente.

Es aquí donde el célebre aforismo "los astros inclinan pero no determinan" adquiere una función lógica, porque inclinan pero solo determinan en función al nivel de conciencia que cada individuo se encuentre. Llegado este punto de inflexión es donde se manifiestan un sin número de probabilidades, siendo la más factible que entre la semana del 10 al 15 de febrero este acontecimiento sea sumamente peligroso como disruptivo. Dentro de este campo de probabilidades pueden plantearse distintos escenarios en distintos órdenes.

1- Desde un enfoque psicológico, será una gran prueba para la humanidad porque las grandes estructuras de poder prestablecidos lucharan por seguir manteniendo el dominio global aunque una gran parte de la población se rebele de manera masiva y violenta contra el sistema, cuestión que ellos ya tienen prevista, en ese caso tendrán que recurrir a otro método de ingeniería social y es en ese preciso momento es donde tendremos que estar más despiertos.

2-   Desde un punto de vista Geopolítico no descartaría un conflicto bélico autogenerado con el objetivo estratégico de establecer un reseteo económico a escala global, y este tal vez tendrá lugar en el ámbito informático, podrían ser ciberataques.

3-   Con este estellium en casa 9 experimentaremos un gran despertar de conciencia abrupto en el orden social que implique la ampliación de conceptos emocionales y espirituales a escala masiva. Pero adquirir muchos conocimientos repentinamente implica tanto, más poder como más sufrimiento, sobre todo cuando a una masa crítica de la sociedad se quita el velo ilusorio sobre una realidad totalmente artificial y ficticia en la que estuvo viviendo. Este es el punto donde se produce el verdadero Colapso Sistémico, porque el viejo Modelo no tiene más lugar donde seguir expandiéndose, y no hay un modelo alternativo inmediato que lo remplace. En este contexto se puede romper el contrato social o bien puede haber una emigración masiva de algunas regiones del planeta hacia otras con escenarios menos hostiles. Pero con Marte y Urano en estos grados de orbe en cuadratura a este gigantesco estellium es muy probable que estalle todo por el aire, siendo esto tal vez lo mejor antes que seguir viviendo bajo la sombra de un sistema decadente que nos tiene sometidos y esclavizados hace más de 2000 años, representando estos últimos 200 años el fracaso absoluto de todas las instituciones políticas, científicas y financieras como sus representantes y también simboliza el pináculo de la decadencia humana llevados a su máxima degradación por el positivismo cientificista donde el materialismo y el consumismo han sido socialmente impuestos como una condición fundamental para el desarrollo humano.

Pero 2020 tendrá cinco fechas claves de para la detonación de una tercera guerra mundial mediáca e informática, la apertura se dará a partir del 14 de Diciembre con el gran eclipse total del Sol donde toda la configuración estará alineada al centro de la Galaxia.

Para todas de estas fechas la mayoría de los planetas estarán directos y el 21 de Enero volveremos a experimentar tránsitos muy tensos, no a tal punto como la segunda quincena de febrero que sin dudas amerita un capitulo anexo que dejaremos para exponer al final de esta serie.

Síntesis

Estamos atravesando uno de los ciclos más intensos, disruptivos y evolutivos en la historia moderna de la humanidad, 2020 no es un año más, es la puerta de entrada al próximo ciclo de 72 años de la nueva era donde atravesaremos 30 años más la constelación de Capricornio, razón por la cual seguiremos viendo cambios sistémicos radicales, por ese motivo voy a dejar una reseña descriptiva de la orientación geopolítica que la Argentina debería contemplar.

Partiendo de la premisa de que el "Viejo Orden Mundial" para su agenda 2030 promueve que "El principio supremo de las sociedades modernas no sea la Libertad sino la Utilidad" y esta ideología es diametralmente opuesta a los principios Acuarianos Revolucionarios que se identifican con la Libertad, lo humanitario, el anarquismo, la innovación, la independencia y la rebelión hacia los sistemas restrictivos de estos valores.

1. El sistema político más representativo de la nueva era será el Anarco-cooperativismo, o el anarquismo en sus diferentes expresiones, dado que este se ve reflejado en los patrones de conducta observables en las redes sociales, cuya dinámica es de compartir, divulgar y democratizar el conocimiento en todas sus manifestaciones.

2. Desde un enfoque astrológico, podemos analizar la competencia entre dos sistemas por medio de la dinámica de la dualidad "causa-efecto" en relación al estudio de dos modelos opuestos pero a la vez complementarios: si por ejemplo ubicamos simbólicamente a Leo, como la representación de un sistema Capitalista-competitivo y en el signo de Acuario al sistema que este simboliza para esta era, Anarquismo-cooperativismo, estos dos modelos en "apariencia" antagónicos se retroalimentan, dado que también se puede competir cooperando, y esta dinámica

se ve reflejada hasta en los postulados de Darwin donde sostiene que para sobrevivir las especies compiten, pero la visión Darwiniana fue un poco reduccionista, dado que los últimos descubrimientos de la evolución moderna indican que las especies para poder adaptarse también cooperan. Algo similar ocurre con las empresas, sobrevive la que mejor se adapta a los cambios. Podemos citar un claro ejemplo de cooperación entre las empresas, como las de seguros, estas tienen una división de underwriting (evaluación de riesgo), que es el departamento encargado de compartir con el resto de las companías la información acerca de todos los siniestros registrados. Si estas no cooperaran entre sí, un mismo siniestro podría cobrarse multiplicidad de veces en distintas empresas, en consecuencia la mayoría de estas quebrarían.

En síntesis, en términos conceptuales no puede existir efecto sin causa, la competencia es la causa y la cooperación es el efecto de esta, ambas son dos caras de una misma dualidad.

3- El estado profundo tuvo siempre pleno conocimiento que este ciclo cosmológico amenazaría sus planes de largo plazo, es por eso que en este preciso párrafo voy a develar cuál será su estrategia a partir de Diciembre de 2020 a 2021 para continuar con el endurecimiento de esta infectadura: Para la segunda fase de la "operación covid" tienen pensado instrumentar un sistema de cuarentenas intermitentes, es una vieja táctica denominada " press and release" confinar y liberar, esto implica que tanto para el hemisferio norte como para el sur flexibilizan las medidas por temporadas de verano y antes de comenzar la temporada escolar vuelven a confinar a toda la población, programando artificialmente rebrotes por medio de campañas mediáticas de desinformación masiva como se las vio durante todo este año contando muertos las 24 hs por tv. Todo esto con el objetivo inmediato de provocar una psicosis colectiva consecuencia de la incertidumbre, y lo más perverso de todo, evitar que nuestros niños generen la inmunidad de rebaño y refuercen su sistema inmunológico para finalmente atenuar la virus.

4- La tercera fase consiste en naturalizar la existencia de un estado de conmoción general entre la población, que este se transforme en "la nueva normalidad" para que la gente masivamente implore por un calendario de vacunación sospechado de modificar el genóma humano. En esta etapa se consuma la clásica Estrategia de Manipulación social Masiva (Problema, Reacción, Solución).

5- media a nivel global , que siempre represento a su enemigo estratégico, y como objetivo secular, evitar que se lleven a cabo las elecciones en los países donde cuentan con el apoyo de sus presidentes títeres como Argentina, España, Francia, Italia y México entre otros, y que Dios salve a los EE.UU si ganára Biden.

6- Para evitar que los presidentes títeres y sus coaliciones de gobierno sean removidos a causa del rechazo masivo de la sociedad Para mediados de 2021 este gobierno del viejo orden mundial intentará implementar lo que se puede llamar " la solución final", que consistirá en terminar de destruir a toda la clase, por medio el voto popular, el estado profundo tiene montado un aparato de infiltración sobre todos los partidos políticos existentes, el peronismo fue el primer partido político que ha sido infiltrado en Argentina, hoy se ven transversalmente controlados todos los partidos por ONG como la open society de George Soros, y otras organizaciones que funcionan como :: red de acción política:: financiadas por el establishment.

Las alianzas estrategicas de la década

Los países que saldrán más fortalecidos para finales de 2025 serán Rusia y Brasil, en consecuencia deberíamos tenerlos a ambos como socios estratégicos tanto del punto de vista Económico como Militar, descartando por completo el sistema comunista imperial que China pretende establecer para este hemisferio. El pueblo Ruso tras muchos años de resistencia a la adversidad comparte muchos valores culturales y espirituales con el pueblo Argentino. Esta afinidad sociocultural nunca fue capitalizada históricamente debido a la ausencia de estadistas en el gobierno argentino. Vale destacar que el poderío naval de Rusia es el único que tiene la capacidad militar de ejercer un contrapeso estratégico en el atlántico sur cuando expire el actual tratado antártico, e incondicionalmente ellos han demostrado su voluntad cooperativa en este sentido, un claro ejemplo fue la su presencia en la misión de búsqueda del Ara San Juan.

Es imprescindible que se entienda que las alianzas estratégicas no están vinculadas necesariamente a la concepción ideológica de un gobierno, hoy en día Bladimir Putin es un aliado estratégico de la administración Trump, no porque le agraden sus formas, simplemente porque sabe que sus políticas son funcionales a la supervivencia y desarrollo Ruso y este a su vez representa para EE.UU un contrapeso de poder en la región a la expansión Imperial china.

Infodemia

Mientras tanto en la Argentina estamos a merced de una coalición de gobierno donde el presidente tiene encomendado implícitamente hacer el trabajo sucio y su contraparte administra el poder, una expresión contracultural en la dinámica del poder, si sale todo mal, el fusible que salta es el principal, no es de extrañar que suceda esto en un país donde todos los valores están subvertidos, sobre todos los morales. Y la palabra "subvertido" la traigo a colación como ejemplo práctico de como en todos los ámbitos de la comunicación se tergiversa la información, cuando la Verdad es tan grande que ya no se puede ocultar u omitir se la transforma en Conspiración. Cuando los legisladores votan una ley eugenésica que convierte a los ciudadanos de un sujeto de derecho a objeto de este, te dicen que es para proteger la salud de la población, por eso es que el estado pasa a ser dueño tu cuerpo, una justificación más que perversa. Pero en los medios oficiales está prohibido debatir esto, y para evitarlo el mismo día en que estas leyes liberticidas se están sancionando, se inundan coordinadamente todas las pantallas de los canales analógicos con mega operativos para desalojar las usurpaciones. Una clásica herramienta de distracción.

Miente, Miente, Miente que algo quedará, cuanto más grande y programada sea la mentira más gente caerá, este es un célebre axioma que instrumentó el ministro de propaganda nazi Joseph Goebbels, y es parte de esta poderosa herramienta de control social llamada **Infodemia**, esta ha tenido un impacto tan profundo en la actualidad, que hace 9 meses 7500 millones de personas se encuentran confinadas por una dictadura sanitaria mundial de pseudocientíficos, sin cuestionarse como los responsables de crear este virus todavía no están presos ni investigados. La manipulación psicologica de masas ha suprimido el sentido común y la capacidad de discernir de los individuos, a tal punto que se puede crear la ilusión de que un murciélago estornuda y en el mundo se genera una epidemia.   La importancia de desarrollar las potencialidades individuales.

Los ingenieros sociales precursores de la operación covid tienen un absoluto desconocimiento en materia de psicología social acerca de la capacidad de resiliencia del ser humano, calcularon que con un mayor índice de miedo instalado en la población, la consecuencia directa sería que la gente se pelearía por darse una vacuna y sucedió todo lo contrario: confinaron a millones de personas y le quitaron el entretenimiento para remplazarlo con un contador de muertos online, y adivinen que, una masa critica de personas se puso a pensar de verdad y se dio cuenta que 1+1 estaba dando 3. Los genios del Instituto Tavistock establecieron medidas restrictivas tan extensas en el tiempo que terminaron provocando que un gran número de la población le perdiera el respeto al virus, perdiera el miedo a la muerte y al stress psicosocial que genera perdida de sus recursos. No solo consiguieron el efecto contrario al que buscaban sino que tuvieron un error de diagnóstico, no tuvieron en cuenta el efecto residual que tendrá a mediano plazo esta operación, dado que mucha gente bajo un confinamiento estricto comenzó a mirar fuentes de información alternativa, interiorizándose de cuestiones a las que jamás hubiese accedido. Existen muchas otras muchas variables en relación a este tópico que voy a omitir exponer, dado que no es mi intención facilitar el ejercicio de pensar a estos autócratas.

"Hoy estamos sufriendo las consecuencias de haber delegado la administración de nuestros derechos y libertades individuales a un grupo de personas carentes de preceptos morales, y al delegarles tanto poder se fueron convirtiendo en mezquinos burócratas y liberticidas, arrogándose la facultad de disponer arbitrariamente de nuestra vida, libertad y derechos fundamentales, solo en función y beneficio de sus intereses propios intereses".

Gabriel M. Paz

Venimos de las estrellas y vamos hacia ellas

Tanto los padres fundadores de República Argentina como los fundadores de los EE.UU no comparten ningún principio moral con los actuales representantes de las dos naciones, si nos tomamos el ejercicio de comparar algunas frases de Juan B. Alberdi como "El Amor como principio, el trabajo como base y el progreso como fin" o un célebre axioma de Thomas Jefferson" El precio de la libertad es su eterna vigilancia" no tienen parangón con las declaraciones populares contemporáneas como: " Lo que nos hace evolucionar o crecer no es el mérito, como nos han hecho creer" del presidente Alberto Fernandez, o los postulados del Pontífice argentino Francisco, el cual en su encíclica "Fratelli Tutti", promueve distribuir las tierras y la riqueza como un bien comunitario (usurpación). Habría que preguntarle al Papa porque no distribuye los bienes y riqueza que el Vaticano "adquirió" durante estos últimos mil años, juntos con los del banco Ambrosiano. La iglesia en su conjunto se olvidó el décimo mandamiento que expresamente dice "No robarás, ni codiciarás los bienes ajenos".

De escuchar ver todo esto, creo que hasta Eva y Perón se deben retorcer en su tumba por tanta inmoralidad. Estos discursos de la doble moral como el de los actuales jueces garantistas, las nuevas leyes liberticidas, la ideología de género, tienen un propósito concreto y bien programado para dividir a la sociedad y fragmentar el territorio de las naciones.

Este es el objetivo estratégico que tiene el globalismo para seguir sobreviviendo y parasitando financieramente a los pueblos, por eso necesita desmembrar a países prósperos como los Estados Unidos, Rusia y como lo era la Argentina y creo que es una cuestión que la mayoría de los ciudadanos norteamericanos como argentinos no han comprendido todavía, por eso los EE.UU van en camino inexorablemente hacia una guerra civil a comienzos de 2022, Si la República Argentina no quiere correr con ese mismo destino, debe "desintoxicarse" para siempre de TODA la clase política y dirigente actual, que han sumergido al pueblo en las profundidades de la decadencia en estos últimos 100 años.

Hay que refundar nuestro país filosófica, astrológica y espiritualmente hablando, para ello debemos, sublimar las potencialidades individuales, porque la única institución que está por encima de todas es el individuo, la dimensión humana debe ubicarse en el centro de la escena, tanto social cultural como política, y todas estas deben circundar y estar subordinadas al desarrollo de este.

"Solo dos legados duraderos podemos dejar a nuestros hijos, uno son raíces y otro alas"
Johan Wolfgang von Goethe

Cosmobiología, Astrología Científica, Astrología Moderna

Podemos definir a la Cosmobiología como un método científico para el desarrollo de la consciencia, un Arte que representa un faro de luz en la fusión de dos expresiones del universo, el macrocosmos y el microcosmos, esta busca explicar las relaciones en la faz de la tierra, la astrología nos ayuda a descubrir la constitución del individuo para conocer su misión cósmica, también nos enseña a conocer el mundo de los seres humanos tanto como conocerse a sí mismos como las causas que determinan los acontecimientos en sus vidas. Un verdadero astrologo tiene la obligación de empaparse de todas las ramas de la ciencia y en particular de la Geogonía, Cosmogonía, Astrofísica Cosmografía Cosmología Biología Ontología y Astrosofía.

La Astrologia estudia la energía que transmiten los astros a nivel astral dividiéndose en dos partes esenciales, una la matemática y la otra filosófica como la medicina.

La Astronomía representa la parte física (la tesis), la Astrología representa la parte energética (la antítesis) la Astrosofía es la sabiduría de los astros, es la vertiente de la Cosmobiología en la cual se hace la interpretación astrológica desde la perspectiva mental espiritual y evolutiva, es la ciencia que estudia al ser desde el ángulo de la conciencia y representa (la síntesis). La Cosmobiología estudia el sentido más profundo, sagrado y esotérico de la Astrología, y representa en nuestra vida moderna una ciencia multidisciplinaria que viene a auxiliar a todas las ramas de las ciencias.

La astrología científica es una herramienta que utiliza la Cosmobiologia para analizar cuantitativamente el conjunto de aspectos en todas sus manifestaciones tanto en el circuito energético que configura en cada signo como en la influencia que tiene sobre cada arquetipo, tratando de establecer estadísticamente patrones de tendencias en el tiempo y espacio para cada suceso. Cabe destacar que estas tendencias no implican para la Astrologia un determinismo cósmico ya que del otro lado de la ecuación se encuentra el libre arbitrio que juega un papel muy relevante para este equilibrio cósmico.

Nada es casualidad, sino causalidad sobre todo el hecho que todas las construcciones de pirámides, de todos los dólmenes, todas las catedrales góticas y todas las ciudades sagradas de todo el planeta, marquen los solsticios y equinoccios. No creo que exista mejor prueba empírica que esta, de que existen relaciones profundas entre lo creado aquí abajo y lo que existe allá arriba, y de que la Astrología en todas sus manifestaciónes no es solo ciencia, también es Arte.

La sincronicidad de Jung

Qué sucede cuando en un momento determinado se nos viene una persona a la mente, y esa persona justo nos llama, el psicoanalista suizo Carl Gustav Jung a ese tipo de fenómenos, entre otros, los explica por medio de un concepto llamado sincronicidad, que el mismo define como la relación acausal que expresa aquellos nexos que no se dejan formular por la causalidad, como por ejemplo la precognición, la premonición y la telepatía. A ese sincronismo Jung le da un significante, le asigna un sentido que debemos de descubrir simbólicamente, tal vez se pueda interpretar como un mensaje del inconsciente colectivo o de una mente universal con la cual nos conectamos a menudo. Jung postulo que existe una profunda conexión entre la mente, el espacio y el tiempo, e incorpóra en uno de sus libros: "Sincronismo como principio de las conexiones acasuales", el conocimiento astrológico.

En una entrevista muy difundida a mediados de 1954 los astrólogos André Barbault y Jean Carteret le preguntaron, en qué dirección él pensaba debería orientase el pensamiento astrológico, a lo que afirmó: "es evidente que la astrología puede ofrecer mucho a la Psicología, pero en qué puede esta última contribuir al avance de su hermana mayor es menos evidente".(Barbault,1969)

Jung, fué una de las mentes más brillantes del siglo veinte, dado que integró el concepto del alma a la psicología, haciendo de ella una nueva ciencia en el sentido original que esta representa, a fin de conocer en profundidad la psique humana más allá del dogma y la psicología entendida de forma más innovadora.

El hace una integración desde el saber y la visión espiritual ancestral de los mándalas hasta nuestra cosmovisión occidental, en un sentido alegórico, psicológico y sanador, logrando hacer un cruce extraordinario, vital, creativo, mágico, artístico, profundamente humano, y de una gran riqueza terapéutica y metafísica para todos nosotros.

Jung concluyó que los mandalas eran parte de un plan universal de naturaleza geométrica y sagrada tanto a nivel micro y macro. En su comprensión más profunda, encontró un sentido terapéutico y sanador en estos, como parte de una rica sabiduría ancestral, y bajo este contexto, los definió como figuras claves para activar un sentido de vivir, un despertar de conciencia y de sanación de la estructura desfragmentada de la psiquis humana, conciliando tanto aspectos de la consciencia como del inconsciente, individual y colectivo.

Crear mandalas e interactuar con ellos, ya sea a través de la meditación o con la simple observación, abre puertas o portales hasta el momento desconocidas, permitiendo que se manifieste de forma espontánea la sabiduría interior,

La función básica que tendrían entonces sería condensar y centralizar las energías positivas, ya sea del cosmos o de las personas y trabajar su ego, logrando dar así un sentido más armonioso, fluido, y evolutivo a cualquier situación de caos, confusión y de excesiva racionalidad o rigidez en todo.

Los vínculos de laAstrología con la Medicina

La Astrología médica estudia las corrientes fluidicas zodiacales y planetarias, y su acción fisiológica en el cuerpo humano, en cada signo, planeta, decanato, y cada grado del zodiaco esta la vibración cósmica vinculada con una parte especifica del cuerpo. En relación a esto, el padre de la medicina moderna Hipócrates, afirma: "Un médico sin conocimiento de Astrología no puede ser considerado así mismo médico"

Existen un sinnúmero de textos sobre la relación y los alcances interdisciplinarios que la astrología ha logrado a lo largo de la historia, pero pocos tienen la profundidad cosmogónica que han alcanzado los textos escritos en las cien obras literarias del Dr. Serge Raynaud de la Ferrière (1916-1962) Científico y sabio francés, doctor en ciencias biológicas (Facultad de Paris), en Ciencias Sociales, Psicologia Filosofia y Teologia. Presidente y director de la Federation International des Societes Scientiques, Su enorme labor de estudio se extendió a prácticamente todos los campos del conocimiento, desde la ciencia hasta el arte y de la filosofía a la didáctica, estableciendo toda una síntesis para la verdadera integralidad del hombre.

El yogha es el único método que ofrece la posibilidad de escapar a las En uno de sus planteamientos finales acerca de esta ciencia milenaria el Dr. de la Ferriére afirma:

El yogha es el único método que ofrece la posibilidad de escapar a las influencias astrales, todo lo que sucede está inscripto en la bóveda celeste, mas no todo lo que está escrito en la bóveda celeste tiene forzosamente que suceder. La Astrología no incluye en absoluto ningún determinismo, solo nos indica los esfuerzos indispensables para nuestra evolución y aquella parte del libre albedrio que se nos concede, La astrología nos enseña que aunque el cuerpo físico esta expuesto a la influencias estelares, el espíritu no, porque su morada esta más alla del zodiaco, o sea en el plano psíquico, mientras que en el plano físico y emocional estamos sujetos a las limitaciones del Karma y las influencias astrológicas. (Ferriére, S.1969).

En otros de sus célebres textos llamados "Los Grandes Mensajes" afirma:

Una ciencia es incompleta cuándo no se puede hablar de una Matésis que es la unión del plano Físico (Tesís), del punto de vista Metafísico (Antítesis), y del aspecto Matemático en su verdadero sentido (Síntesis). No estudiar más que una parte de este conjunto, es considerar el mundo a través del hombre, queriendo ignorar a la naturaleza, ya que, efectivamente, existen tres Planos que son inseparables: el Mundo arquetípico o Divino, el Macrocosmos que corresponde a la Naturaleza, el Microcosmos que corresponde al Hombre. Estos tres Principios constituyen el Universo... (Ferriére S, 1969, p284)

"la Astrología conduce los pensamientos del hombre hacia Dios, y los astros son solo los instrumentos físicos de la voluntad divina"
(San Alberto Magno)

"Los cuerpos celestes son la causa de todo lo que tiene lugar en el mundo sublunar"
(Santo Tomas de Aquino)

El florecimiento de la kosmobiología y Astrología en la Alemania nazi.

Históricamente, el término 'Kosmobiologie' fue utilizado por el astrólogo médico alemán Friedrich Feerhow y el estadístico suizo Karl Krafft en un sentido más general para designar esa rama de la astrología que trabaja sobre bases científicas y ligada a las ciencias naturales. El término cosmobiología se popularizó en inglés después de la traducción de los escritos de Reinhold Ebertin, quien basó gran parte de sus técnicas en el trabajo de astrología de punto medio de Alfred Witte.

Ebertin definió la cosmobiología como lo siguiente:

La cosmobiología es una disciplina científica que se ocupa de la posible correlación entre el cosmos y la vida orgánica y los efectos de los ritmos cósmicos y el movimiento estelar en el hombre, con todos sus potenciales y disposiciones, su carácter y los posibles giros del destino; también investiga estas correlaciones y efectos reflejados en la vida vegetal y animal de la tierra en su conjunto. En este esfuerzo, la cosmobiología utiliza métodos modernos de investigación científica, como la estadística, el análisis y la programación de computadoras. Sin embargo, es de primordial importancia en vista de la esfuerzo científico invertido, para no pasar por alto las interrelaciones macrocósmicas y microcósmicas incapaces de medir.

Lo que es digno de mención tanto de la cosmobiología como de la astrología de Urano, que se ha desarrollado técnicamente a lo largo de un camino diferente, es su énfasis en el análisis crítico y las pruebas al observar correlaciones astrológicas más claramente mensurables u observables, en lugar de simplemente perpetuar observaciones o suposiciónes escritas en textos astrológicos históricos, un problema que lleva a una crítica generalizada de la astrología clásica convencional. Algunos han especulado que el término "Cosmobiología" fue acuñado específicamente para divorciar sus preceptos de las múltiples ambigüedades y los posteriores prejuicios generalizados contra la Astrología Clásica. Tres destacados autores cosmobiológicos publicados en el idioma inglés son la cosmobióloga germano-estadounidense Eleonora Kimmel , la cosmobióloga estadounidense Aren Ober (antes Savalan) y la cosmobióloga australiana Doris Greaves , todos los cuales han publicado textos en cosmobiología basados en sus propias experiencias sustanciales.

(Ebertin 1972.p.11).

Cuando astrólogos hablan sobre el punto medio del Sol/Luna, Cabe destacar que las progresiones logarítmicas y las certeras predicciones en la familia Ebertine representaron una constante para la época ya que su Madre Fraud Elsbeht Ebertien fue la primera especialista alemán en asuntos cosmológicos, que ha gozado de una gran reputación dado que era consultado por relevantes figuras de la política europea como el rey de Bulgaria. Elsbeht había publicado un artículo, que luego salió en un diario matutino alemán con una predicción astrológica en 1914, fecha en la que Hitler era todavía un oficial menor sin ninguna relevancia en el plano político, en este profetizaba que – el 20 de abril de 1889 – fecha de nacimiento del que sería el futuro Furher- habia nacido ", un combatiente bajo el signo de Aries", que sería clave para "dar ímpetu al movimiento de liberación del pueblo alemán".

Tras recibir eta información, Hitler reforzó su idea de que su destino estaba vinculado a liderar a los alemanes, y en su prodigioso ascenso fue utilizada la profecía de Frau Ebertin como propaganda.

En este contexto estamos en condiciones de elaborar una tesis cosmológica integral, para que el lector pueda comprender cuál es la esencia en el mensaje que intentamos transmitir y que este pueda configurar su propia síntesis conceptual Astrológica.

La Astrología es considerada la madre de todas las ciencias, dado que las primeras expresiones del hombre que han quedado registradas en piedras y jeroglíficos tienen un contenido astral, ya desde sus etapas nómades y de cazadores el hombre guardaba registros de las fases de la luna tanto para aprovechar la luz nocturna como para medir los ciclos animales y también los vegetales. La Astrología fue transversal a todas las antiguas culturas como la sumeria, egipcia, India, China, maya y azteca, sin dejar de mencionar a Grecia considerada la cuna de la Astrología Occidental. Todas estas sentaron las bases para las matemáticas y la filosofía actual. Podemos citar a Claudio Ptolomeo como el máximo representante del siglo II D.C. ya que fué quien redactara el tratado Astrológico más relevante que se había escrito hasta su época, el Tetrabiblos cuya concepción astronómica del Universo sirvió de modelo durante 1500 años.

Mientras la Astrología clásica y humanista por lo general se abocan más al aspecto psicológico y evolutivo (representan el arte), la Cosmobiología busca aportar fundamentos científicos, estadísticos y de naturaleza empírica, (fusión de Arte y Ciencia). Un acabado ejemplo son las leyes que descubre Kepler para describir los movimientos de los planetas ya que fue el primero en hallar la relación entre el periodo orbital y la distancia al sol. Además describió como la velocidad de cada planeta variaba a lo largo de su elipse. Lo que no resulta tan conocido es que Kepler en su tratado "Harmonis Mundi" además de describir estas leyes astronómicas, asignó notas musicales a cada planeta en función de su velocidad angular. Esa relación matemática es la que hoy se conoce como "La música de las esferas". Este conocimiento ancestral es intrínseco a todas las ciencias y antagónico a todos los dogmas.

Cuando se intenta establecer una conexión macrocósmica-microcósmica, no tenemos que olvidar que estamos constituidos orgánicamente por los mismos elementos químicos que integran la tabla periódica, que a su vez son los mismos materiales con que están constituidos los planetas, las estrellas y todo el cosmos, en consecuencia de alguna manera estamos subordinados a la frecuencia en que están vibrando estos elementos cósmicamente. ¿Pero hasta qué punto estas influencias determinan nuestra existencia?

Es aquí donde la Cosmobiología suscribe a la teoría de que los astros inclinan pero no determinan, por supuesto en función al nivel de conocimiento que tengamos de estas influencias, por ejemplo es sabido que podemos programar la fecha de concepción de nuestros hijos por medio de los biorritmos, (sexo, coeficiente intelectual, emocional, físico), no hace falta mucha deducción para saber que sucede cuando la concepción tiene lugar con ambos biorritmos en 0. Otro fenómeno muy interesante, es la alineación que se produce en las glándulas endocrinas cuando se realiza la práctica de la Yoga en el horario del dia cuando el Sol se encuentra en el cenit. El cómo y cuándo en analogía al tiempo y el espacio son variables a las que pocos pueden escapar, o acaso la siembra se puede hacer en cualquier estación del año. Es por eso que en todos los órdenes de la vida tiene que existir un fundamento científico.

La Cosmobiologia constituye una ciencia de vida que también nos enseña a vivir en armonía con la naturaleza, podemos decir que su estudio representa la actitud que asumimos ante el Cosmos, así como la Yoga es la postura que adoptamos ante este.

Desde el enfoque estrictamente comunicacional los planetas simbolizan a los mensajeros y las casas representan el mensaje, o sea la energía celeste que toma forma en los arquetipos psicológicos para que este mensaje configure un disparador en la "Psique "(Conjunto de capacidades humanas de un individuo que abarca los procesos conscientes e inconscientes).

Pero la sincronicidad reside en la conexión más profunda de los patrones o modelos psicológicos que habitan en el inconsciente colectivo, y estos marcan los ritmos de la comunicación que el ser humano tiene con ese campo de consciencia planetario representado por configuraciones simbólicas. Unos de los ejemplos más acabados es el arquetipo mercurial, reflejado en el plano de la comunicación tanto en la semiótica o ecología de los medios, dado que Mercurio mitológicamente simboliza el mensajero. Por ser el planeta más cercano al sol también es el nivel de conciencia más cercano al ego, es decir, el intelecto.

Las fases del planeta se corresponden con lo múltiple y cambiante, simbolizando el deseo de informarnos, la variabilidad del pensamiento la versatilidad de las palabras y la dualidad. Mercurio retiene significados del Sol símbolo de la unidad, y de la Luna la multiplicidad, Mercurio comunica, asocia la mente consciente (el Sol) con el inconsciente (la Luna), por ello representa al pensamiento y la comunicación. Cuando en astrología psicológica hablamos de mercurio es para explicar la característica psicológica de la persona en cuanto a "como" se comunica, aprende, interpreta las cosas, como percibe el mundo, entiende las experiencias, intercambia información y que habilidades tiene para interconectar las ideas, escribir o transmitir un mensaje, y también que habilidades tiene para el comercio. Y es que mercurio rige la mente, el lenguaje, el pensamiento, la comunicación, la información, la educación, el aprendizaje, la lógica mental, el ingenio, el humor y la elocuencia. Pero a la vez rige la velocidad con que estas habilidades se manifiestas o sea los ritmos comunicacionales.

Aspectos intrínsecos de la comunicación y la astrología

Desde el plano predictivo, no cabe dudas que aunque se niegue públicamente las figuras políticas más relevantes del siglo XX han acudido a la Astrólogos para tomar decisiones estratégicas, desde el tercer raid, a la reina de Inglaterra, hasta el escándalo de la primera dama Nancy Reagan cuando manifestó públicamente el 15 de agosto de 1988 que consultaba con varios astrólogos cuyo juicio era tenido en cuenta por su marido el presidente de los Estados Unidos.

En 1950 unos científicos de la RCA observaron una correspondencia entre la calidad de recepción de ondas cortas y las posiciones de los planetas del sistema solar, encomendaron al Ingeniero John Nelson hacer una investigación acerca si este fenómeno era una casualidad. Comparando datos técnicos archivados desde los años 20 descubrió que las tormentas magnéticas origen de la perturbaciones en la propagación de las ondas de radio coincidían con las posiciones que dos o más planetas tenían con la posición con respecto al sol en los ángulos de 90 y 180 grados que los astrólogos llaman aspectos en este caso de cuadratura y oposición y que son leídos tradicionalmente como señal de conflictos y tensión.

Asimismo observo que con llamados aspectos armónicos de sextil y trígono 60 y 120 grados respectivamente se mejoraba notablemente la propagación de las ondas cortas. Hoy las transmisiones radiofónicas en todo el mundo tienen en cuenta este factor para mejorar la calidad de recepción de los usuarios. Las Investigaciones del Ingeniero John Nelson fueron concluyentes al demostrar científicamente que estos factores técnicos tenían una incidencia en el 93% de las comunicaciones descartando totalmente el factor de la casualidad.

Bibliografía

Barbault A. (1969). *L¨Astrologue, n°40 Tr.1969,* París. Traducción: Jose Luis San Miguel de Pablos. Recuperado de www.astrologiadelser.com/articulos-miscelanea/entrevista.astrologica-a-carl-g-jung/

Hurtado H. (1969). *El terremoto de Valparaíso, las teorías de Cooper.* Revista de marina. Recuperado de www.revistamarina.cl/autor/hurtado-larrain-homero-h-h-l-caulechano

Islas O. (2015). *La ecología de medios: metadisciplina compleja y sistémica.* Recuperado de www.palabraclave, Universidad de La Sabana, Bogotá, Colombia.

Los terremotos de Chile,(1570-2010). Memoria Chilena, Biblioteca Nacional de Chile.

Parrini L. (2020) . *Los dias que estremecen al mundo.* Recuperado de La palabra abierta.com

Reich, W. (1942). *La funcion del Orgasmo. En W. Reich, The function of the Orgasm..* Canada: Paidos.

Reich, W. (1942). *The Discover of the Orgone. En W. Reich, The Discover of the Orgone , The Function of the Orgasm* (págs. 2-20). New York: Paidos. Orgone Institute Press .

Reich, W. (1942). *The Discover of the Orgone.The function of the Orgasm. En W. Reich, The function of the*

Orgasm (págs. 1-12). Nueva York: Publicado en Ingles por Orgone Institute Press.

"Solectrics" del Capitán de Alfred J. Cooper (1917), Capitán de la Marina Mercate británica, agraciado con la medalla del Sur de Africa.

Publicación en el anuario Hidrográfico de Chile, por el piloto de Armada Sr. J. M. Campell. La catástrofe del 16 de Agosto de 1906, por Alfredo Rodríguez rozas y Carlos Gajardo Cruzat.

Brau, J. L. (1977) *Larousse Encyclopedia of Astrology*, McGraw-Hill Books, Nueva York, EE.UU.

De la Ferriére S. R. (1986) *Los Grandes Mensajes.* Editorial Villicaña. México.

Ebertin, R. (1989) *Astrological Healing* , Samuel Weiser Books, York Beach ME USA,

Ebertin, Reinhold (1972) *Combinación de influencias estelares* Ebertin-Verlag, Aalen, Alemania.

Greaves, D. (1999) *Regulus Ebertin Cosmobiology beyond 2000* , Regulus Astrological Publications, Red Hill ACT, Australia.

Kimmel, E. (2000) *Cosmobiology for the 21st Century* , Federación Estadounidense de Astrólogos, Tempe AZ EE. UU.

Liang Q. y Xiangsui W. (1999). *Unrestricted Warfare.* Beijing PLA Literature and Arts Publishing House.

Ober, A. (2009) *Midpoint Interpretation Simplified*, 2nd Edition , Cotter Books, Cleveland OH EE. UU., 2009.

Witte, A. Der, M. (1975) *Ludwig Rudolph Verlag*, Hamburgo, Alemania. Recuperado de https://es.qaz.wiki/wiki/Cosmobiology

Witte, A. (1928) *Regelwerk für Planetenbilder* , *Ludwig Rudolph Verlag*, Hamburgo, Alemania. Recuperado de https://es.qaz.wiki/wiki/Cosmobiology

7- Este texto está disponible bajo la licencia de Creative Commons Attribution Share Alike.

Epílogo

Pero toda la cosmovisión de esta obra tiene como punto de convergencia critico el fin de un ciclo de 12.500 años de un conjunto de viejas estructuras jerarquicas que estan colapsando por el cambio de patrón energético que representa el solsticio del 21 de Diciembre de 2020 y el inicio de un nuevo ciclo que marca el paso de los primeros 72 años de la era Acuariana, donde pasamos de la era de hierro a una de bronce. Tanto el punto de inflexión como la deconstrucción de todos nuestros paradigmas comenzaran con el eclipse Solar del 14 de Diciembre de 2020, el cual tiene un significado sumamente místico, dado que su impacto se prolongara hasta la próxima serie de eclipses y será a escala galáctica, por el hecho de que nuestro Sol, Luna y Tierra se encuentren para esa fecha alineados con el centro de la galaxia. La densidad y la masa del centro galáctico son tan grandes, que la ciencia moderna considera la existencia de un agujero negro de una masa gigantesca en su punto central. Como nuestro sistema solar se encuentra en el borde exterior de la Vía Láctea en ese momento de convergencia cósmica se abrirá un vórtice energético elevador de nuestro estado de consciencia, brindando la oportunidad a toda la humanidad de experimentar un salto cuántico en su frecuencia vibratoria. Para aquellos que aún no hallan despertado ante todo lo vivido en este controversial año 2020, será muy tarde, dado que serán victimas de las imposiciones de un gobierno totalitario a nivel mundial y la implementación de un sistema totalmente distópico que todo lo quiere devorar al igual que un agujero negro. Se nos acaba el tiempo como especie, esta línea de tiempo representa un punto de inflexión para nuestra especie, donde tenemos la oportunidad de dejar de ser víctimas de nuestra programación inconsciente y hacernos cargos de nuestras decisiones y de como estas condicionan nuestra existencia.

Existen dos momentos trascendentales en la vida de un ser humano, uno es cuando nace y el otro cuando toma consciencia de para que ha nacido, y esta diyuntiva epistemológica para alcanzar el pinaculo de la civilización en este nuevo ciclo.

Otra de las claves es comprender el significado y el impacto que tiene la Meditación Trascendental en nuestra mente, ya que través de esta tomamos contacto con la verdadera esencia de nuestro ser y elevamos nuestra consciencia hacia los planos de existencia más elevados, entonces los seres que habitan es estos, precipitan lo que llamamos lo "Providencial",haciendo descender desde esos planos hacia nosotros las frecuencias mas elevadas ivo por el cual esta dimensión se transforma en sintonía con el Amor Incondicional, que representa el principio de "Todo" y la última realidad . Es por eso que para el momento que estemos publicando esta edición "Los Agentes" del sistema estarán pisando el acelerador, porque ellos tambien se están quedando sin tiempo, y ya no necesitan mas dinero del que han acumulado; ahora vienen por la humanidad.

Para ellos tengo un ensaje muy especial que me han enviado mis camaradas de la 5°sección: "Cuando cierre este bucle, tenemos reservado para Vosotros un lugar inimaginable al final de la 4°D. Y para sus descendientes que detentan la administración, alli en la 3°D. Estamos acondicionando un lugar no tan caótico como el Vuestro.

No estéis ansiosos.......falta poco........ El eclipse Solar del 14 de Diciembre de 2020 tiene un significado sumamente místico, dado que de su impacto será a escala galáctica, por el hecho de que nuestro Sol, Luna y Tierra se encuentren para esa fecha alineados con el centro de la galaxia. La densidad y la masa del centro galáctico son tan grandes, que la ciencia moderna considera la existencia de un agujero negro de una masa gigantesca en su punto central. Como nuestro sistema solar se encuentra en el borde exterior de la Vía Láctea en ese momento de convergencia cósmica se abrirá un vórtice energético elevador de nuestro estado de consciencia, brindando la oportunidad a toda la humanidad de experimentar un salto cuántico en su frecuencia vibratoria. Para aquellos que aún no hallan despertado ante todo lo vivido en este controversial año 2020, será muy tarde, dado que serán victimas de las imposiciones de un gobierno totalitario a nivel mundial y la implementación de un sistema totalmente distópico que todo lo quiere devorar al igual que un agujero negro. Se nos acaba el tiempo como especie, esta línea de tiempo representa un punto de inflexión para nuestra especie, donde tenemos la oportunidad de dejar de ser víctimas de nuestra programación inconsciente y hacernos cargos de nuestras desiciones que condicionan nuestra existencia. Cuando a través de la meditación trascendental tomamos contacto con la esencia de nuestro ser y elevamos nuestra consciencia hacia los planos de existencia más elevados, los seres que habitan es estos, precipitan lo que llamamos lo "Providencial", haciendo que baje "lo divino" desde esos planos hacia nosotros, motivo por el cual esta dimensión empieza a vibrar en sintonía con el Amor Incondicional, que representa el principio de "Todo" y la última realidad. Es por eso que para el momento que estemos publicando esta edición "Los Agentes" del sistema estarán pisando el acelerador, porque ellos tambien se están quedando sin tiempo, y ya no necesitan más dinero del que han acumulado, ahora vienen por la humanidad. Para ellos tengo un mensaje muy especial que me han enviado mis camaradas de la 5°sección:

: : Cuando cierre este bucle, tenemos reservado para Vosotros un lugar inimaginable al final de la 4°D. Y para sus descendientes que detentan la administración, alli en la 3°D. Estamos acondicionando un lugar no tan caótico como el Vuestro.

No estéis ansiosos.......falta poco........ : :

Agradecimientos

Agradezco infinitamente la colaboración a mi colega Luis Miguel Sellanes, cuya labor como destacado periodista, escritor e investigador hicieron posible la edición y publicación de este libro, con quien desde el primer momento tuve numerosas coincidencias que se ven reflejadas por más de sus 25 libros publicados en Amazon que se destacan por su profundidad, y donde ha trazado un camino para el despertar universal que merece la pena recorrerlo.